JOVEN
EJEMPLO DE LOS CREYENTES

Los Bosquejos de la Clase
"El Ministerio de Jóvenes en al Iglesia"

Edición del Maestro

Pastor Jeremy Markle

**LOS MINISTERIOS
DE
ANDANDO EN LA PALABRA**
Pastor Jeremy Markle
www.walkinginthewordministries.net

Joven
Ejemplo de los Creyentes

Edición del Maestro

Preparado para la clase "El Ministerio de Jóvenes en la Iglesia"
Colegio Universitario Bautista de Puerto Rico

El texto bíblico ha sido tomado de la versión Reina-Valera.
Texto bíblico: *Reina-Valera*® © 1960 Sociedades Bíblicas en América Latina, 1960.
Renovado © Sociedades Bíblicas Unidas, 1988.
Utilizado con permiso.

REINA-VALERA
1960 ®

Reina-Valera 1960® es una marca registrada
de las Sociedades Bíblicas Unidas,
y se puede usar solamente bajo licencia.

Publicado por Los Ministerios de Andando en la PALABRA
Walking in the WORD Ministries
www.walkinginthewordministries.net

Impreso en los Estados Unidos.

ISBN: 978-1947430228

El siguiente material fue escrito en forma de bosquejo para la clase
"El Ministerio de Jóvenes en la Iglesia,"
en el Colegio Universidad Bautista de Puerto Rico.
Su propósito es proporcionar instrucción bíblica y práctica
para establecer y mantener el ministerio de jóvenes en una iglesia local.

Que Dios lo bendiga grandemente
mientras usted y su iglesia preparan la próxima generación
para glorificar a Dios con su vida entera.

Pastor Jeremy Markle

JOVEN
Ejemplo de los Creyentes

El mundo está lleno de diversos programas. Sin embargo, muchos de estos programas son producidos por las ideas de hombres y filosofía del mundo que están contra los deseos de Dios y Su santidad. No hay diferencia con el tema del ministerio de los jóvenes. Los autores han ido produciendo los materiales de trabajo de los jóvenes por años, algunos son buenos y algunos son malos. Hay muchas ideas hoy en día de como hacer crecer el programa de jóvenes en las áreas de los números y el espiritual. Que triste es que a muchos individuos les parecen estas dos áreas de crecimiento como iguales. Es bien posible tener un grupo de personas sin uno que sea creyente. Muchos de estos programas buscan agradecer o apaciguar a los jóvenes para solo producir el interés de asistir a ellos, eliminando así el nivel de santidad y separación del mundo que Dios demanda. El ministerio de jóvenes que trata de honrar a Dios va a buscar el agradecer a Dios antes que atraer grandes grupos de jóvenes. A los que participen en el ministerio de jóvenes, el mismo va continuar en apoyarlos para tener un andar en la vida que este mas y mas cerca a su Señor y Salvador, y Su Padre celestial.

"**JOVEN**, Ejemplo de los Creyentes" es un método bíblico para apoyar al joven de hoy en día a tener un andar diariamente con su Salvador el cual está creciendo claramente ante el mundo cerca a Él. Muchos aspectos del programa no está limitado a los jóvenes, sino aplicado a ambos: a los niños y los adultos. Porque éste se fundamenta en las Escrituras, las verdades y las aplicaciones de las verdades es universal.

El programa que tiene en sus manos está fundado en algunos pasajes prominentes de las Escrituras. El deseo mio es para prácticamente aplicar cada uno de estos pasajes a las necesidades del ministerio de los jóvenes de hoy en día. Por favor, utiliza el tiempo para repasar la información de la filosofía/fundamento para que puedas entender los propósitos del otro material y para que podamos ver la próxima generación de creyentes preparados correctamente dándole servicio y honra a su Señor y Rey.

I Timoteo 4:4-12
Ninguno tenga en poco tu juventud,
sino sé ejemplo de los creyentes
en palabra, conducta, amor, espíritu, fe y pureza.

II Timoteo 2:1-2
Tú, pues, hijo mío, esfuérzate en la gracia que es en Cristo Jesús.
Lo que has oído de mí ante muchos testigos,
esto encarga a hombres fieles que sean idóneos para enseñar también a otros.

JOVEN
Ejemplo de los Creyentes

Indice

Cada Fundamento y Plano tiene su propio estudio en bosquejo del la Escritura que puede ser usado por los ambos el maestro y los estudiantes.

Las hojas para los lideres están proveído para ser copiado para el uso del ministerio.

Cada Herramienta tiene su propio estudio en bosquejo del la Escritura que puede ser usado por los ambos el maestro y los estudiantes.
Las hojas para el carpeta están proveído para ser copiado para el uso del ministerio.

Las hojas de la programa están proveído para ser copiado para el uso del ministerio.

Los Fundamentos

Vivir con Propósito por Temer a Dios

Vivir con Propósito por Guardar los Mandatos de Dios

Salvación

Los Fundamentos para Establecer un Ministerio de Jóvenes Basado en la Biblia

Fundamento # 1 La Salvación Marcos 8:35-38

☞Un ministerio de jóvenes basado en la Biblia reconocerá que el primer paso de ser un discípulo/seguidor de Jesucristo es la abnegación. Negarse a sí mismo, que comienza con la salvación, es cuando por fe un individuo intercambia su falta de valor personal por la justicia de la obra terminada de Jesucristo en la cruz (Filipenses 3:4-9). Por tanto, pondrá a prueba a cada joven para saber con seguridad que es salvo por la fe en la sangre de Jesucristo. Habrá un reconocimiento de que jóvenes "buenos" y "religiosos" no es lo que Dios quiere, sino que sean "salvos" y "piadosos," que no viven para sí mismos, sino que sirven a su Salvador en agradecimiento por el regalo de la salvación. ¡Es imposible ser "ejemplo de los creyentes" si el joven no es un creyente! Pablo dice: *"Porque nadie puede poner otro fundamento que el que está puesto, el cual es Jesucristo"* (I Corintios 3:10-15).

Fundamento # 2 El Propósito de la Vida Eclesiastés 12:13-14

☞Un ministerio de jóvenes basado en la Biblia pondrá a prueba a cada joven a cumplir su propósito para vivir. Dará instrucción bíblica que guiará a cada joven a *"temer a Dios, y guardar sus mandamientos"* (Eclesiastés 12:13). En ningún momento irá por debajo de los estándares de Dios de la santidad que se encuentran en su Palabra. El enfoque de la enseñanza y de las actividades será el de ayudar a los jóvenes a prepararse para el día del juicio: en primer lugar a través de la salvación, y luego a través de vivir una vida santa, como la de Cristo. ¡En ningún momento se remplazará las instrucciones de Dios por filosofías o enseñanzas mundanas! *"Porque la gracia de Dios se ha manifestado para salvación a todos los hombres, enseñándonos que, renunciando a la impiedad y a los deseos mundanos, vivamos en este siglo sobria, justa y piadosamente, aguardando la esperanza bienaventurada y la manifestación gloriosa de nuestro gran Dios y Salvador Jesucristo, quien se dio a sí mismo por nosotros para redimirnos de toda iniquidad y purificar para sí un pueblo propio, celoso de buenas obras"* (Tito 2:11-14).

Fundamento # 1
La Necesidad por la Salvación

Marcos 8:35-38
Porque todo el que quiera salvar su vida, la perderá;
y todo el que pierda su vida por causa de mí y del evangelio, la salvará.
Porque
¿qué aprovechará al hombre si ganare todo el mundo, y perdiere su alma?
¿O qué recompensa dará el hombre por su alma?
Porque el que se avergonzare de mí
y de mis palabras en esta generación adúltera y pecadora,
el Hijo del Hombre se avergonzará también de él,
cuando venga en la gloria de su Padre con los santos ángeles.

☞El programa juvenil basado en la Biblia reconocerá que el primer paso de ser un discípulo/seguidor de Cristo es la abnegación. Negarse a sí mismo, que comienza con la salvación por la fe cuando uno intercambia su indignidad personal por la justicia de la obra terminada de Jesucristo en la cruz (Filipenses 3:4-9). Por lo tanto, habrá un desafío a cada joven para saber con seguridad que es salvo por la fe en la sangre de Jesucristo. Habrá un reconocimiento de que jóvenes "buenos" y "religiosos" no es lo que Dios quiere, sino que sean "salvos" y "piadosos" que no viven para sí mismos, sino que sirven a su Salvador en agradecimiento por el regalo de la salvación. ¡Es imposible ser "ejemplo de los creyentes" si el joven no es un creyente! Pablo dice: "***Porque nadie puede poner otro fundamento que el que está puesto, el cual es Jesucristo***" (I Corintios 3:10-15).

I. **La <u>prioridad</u> de la salvación.**

✎*Jesucristo presenta la base de construcción de la vida de un cristiano. Sin la seguridad del alma de un individuo por toda la eternidad, esta vida y todo lo que se gana en ella se desperdicia. La pregunta es clara "¿O qué recompensa dará el hombre por su alma?" Claramente no hay nada en este mundo que puede ganar al hombre un hogar en el cielo. Por lo tanto, ¡la salvación de todo joven debe ser el objetivo principal de un ministerio juvenil! ¿No es la salvación el primer paso para cualquier persona joven para ser un seguidor de Jesucristo y vivir su vida como un "joven cristiano?"*

A. ***Porque todo el que quiera <u>salvar</u> su vida, la perderá;*** - Todas aquellas personas que buscan vivir para sí, y se "salvan" en su propio poder y las buenas obras perderán su alma eterna al final. Efesios 2:8-9 es muy claro: "***Porque por gracia sois salvos por medio de la fe; y esto no de vosotros, pues*** *es don de Dios; no por obras, para que nadie se gloríe.*" Nadie puede salvar su propia vida, porque "*... todas nuestras justicias [son] como trapo de inmundicia ...*"(Isaías 64:6).

B. *Y todo el que pierda su vida por causa de mí y del evangelio, la salvará.* - Cada persona que por fe opta por rechazar a sí mismo con todas sus habilidades sin valor, y ha reconocido "*... que el hombre es justificado por la fe sin las obras de la ley*" estará a un paso de la posesión de la vida eterna (Romanos 3:28, Efesios 2:8-9). Él simplemente debe poner su fe para la salvación en el evangelio de Jesucristo, que se encuentra en su muerte, sepultura y resurrección, que es la "*propiciación [pago] por nuestros pecados*" (I Corintios 15:1-4, I Juan 2:2). La aceptación de que "*la justicia de Dios por medio de la fe en Jesucristo, para todos los que creen en él...*" es la única opción verdadera (Romanos 3:22, 24-26).

C. *Porque ¿qué aprovechará al hombre si ganare todo el mundo, y perdiere su alma?* - No existe un valor eterno en los bienes de este mundo porque "*... Y el mundo pasa, y sus deseos*" (I Juan 2:17). Aunque una persona pueda decir como el rey Salomón: "*Dije yo en mi corazón: Ven ahora, te probaré con alegría, y gozarás de bienes. Mas he aquí esto también era vanidad. A la risa dije: Enloqueces; y al placer: ¿De qué sirve esto? Propuse en mi corazón agasajar mi carne con vino, y que anduviese mi corazón en sabiduría, con retención de la necedad, hasta ver cuál fuese el bien de los hijos de los hombres, en el cual se ocuparan debajo del cielo todos los días de su vida. Engrandecí mis obras, edifiqué para mí casas, planté para mí viñas; me hice huertos y jardines, y planté en ellos árboles de todo fruto. Me hice estanques de aguas, para regar de ellos el bosque donde crecían los árboles. Compré siervos y siervas, y tuve siervos nacidos en casa; también tuve posesión grande de vacas y de ovejas, más que todos los que fueron antes de mí en Jerusalén. Me amontoné también plata y oro, y tesoros preciados de reyes y de provincias; me hice de cantores y cantoras, de los deleites de los hijos de los hombres, y de toda clase de instrumentos de música*" (Eclesiastés 2:1-8). La conclusión final es el mismo: "**Miré yo luego todas las obras que habían hecho mis manos, y el trabajo que tomé para hacerlas; y he aquí, todo era vanidad y aflicción de espíritu, y sin provecho debajo del sol**" (Eclesiastés 2:11). Hay que reconocer que el único precio que se puede pagar por un alma ha sido pagado por Jesucristo y sólo se pueden recibir como un "*don de Dios*" recibido solamente por la fe (Romanos 6:23b).

D. *Porque el que se avergonzare de mí y de mis palabras en esta generación adúltera y pecadora, el Hijo del Hombre se avergonzará también de él, cuando venga en la gloria de su Padre con los santos ángeles.* - Cada individuo no debe rechazar sino aceptar a Jesucristo para la salvación. A raíz de la salvación, cada creyente debe decir: "*Porque no me avergüenzo del evangelio, porque es poder de Dios para salvación a todo aquel que cree; al judío primeramente, y también al griego*" (Romanos 1:16). Por lo tanto, cada creyente está llamado a representar a Jesucristo al mundo perdido alrededor de ellos como un embajador fiel. Jesucristo enseña claramente: "*A cualquiera, pues, que me confiese delante de los hombres, yo también le confesaré delante de mi Padre que está en los cielos. Y a cualquiera que me niegue delante de los hombres, yo también le negaré delante de mi Padre que está en los cielos*" (Mateo 10:32-33).

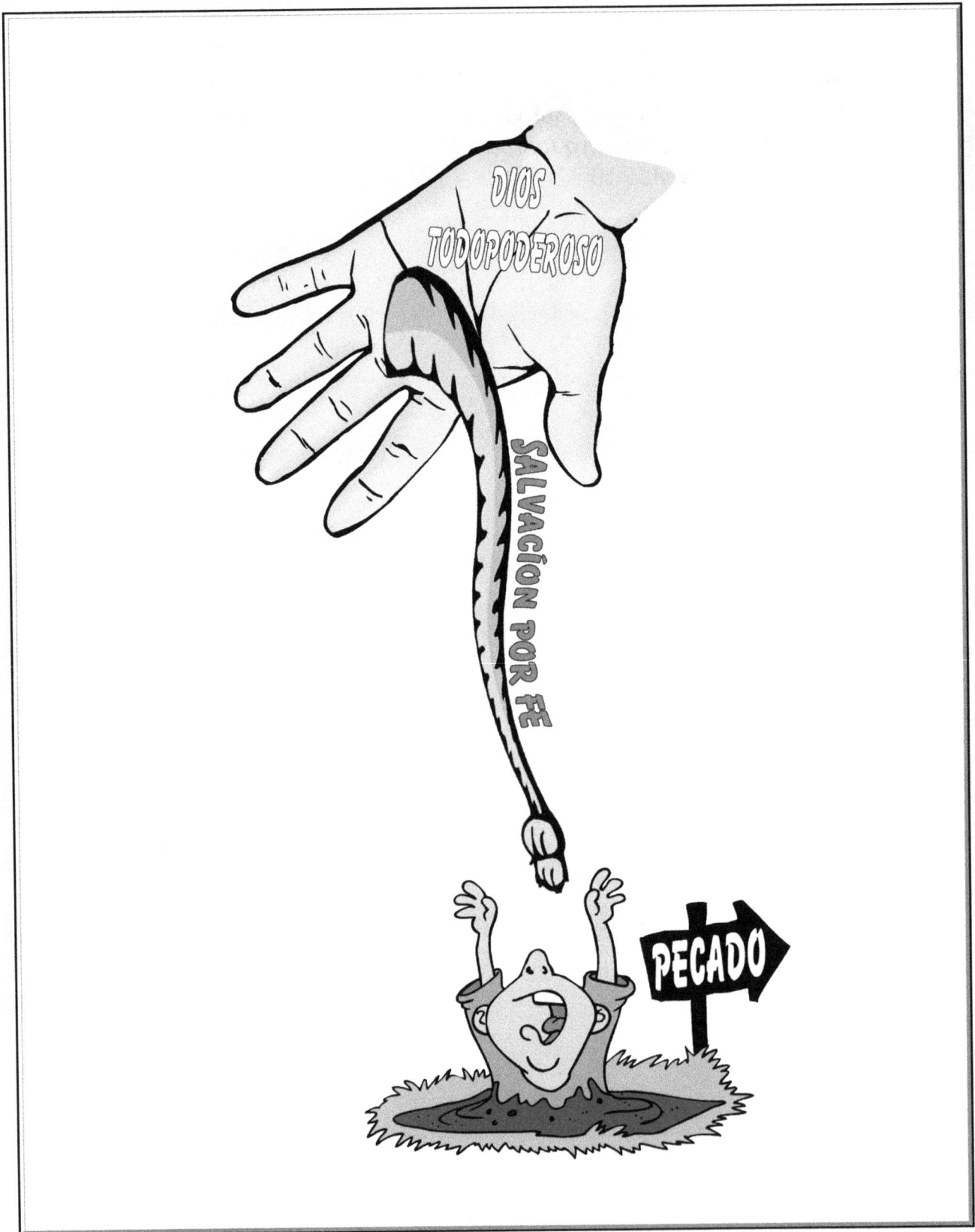

Fundamento # 2
El Propósito de la Vida

Eclesiastés 12:13-14
El fin de todo el discurso oído es este:
Teme a Dios, y guarda sus mandamientos;
porque esto es el todo del hombre.
Porque Dios traerá toda obra a juicio,
juntamente con toda cosa encubierta, sea buena o sea mala.

☞Un ministerio de jóvenes basado en la Biblia pondrá a prueba a cada joven a cumplir su propósito para vivir. Dará instrucción bíblica que guiará a cada joven a ***"temer a Dios, y guardar sus mandamientos"*** (Eclesiastés 12:13). En ningún momento irá por debajo de los estándares de Dios de la santidad que se encuentran en su Palabra. El enfoque de la enseñanza y de las actividades será el de ayudar a los jóvenes a prepararse para el día del juicio: en primer lugar a través de la salvación, y luego a través de vivir una vida santa, como la de Cristo. ¡En ningún momento se remplazará las instrucciones de Dios por filosofías o enseñanzas mundanas! ***"Porque la gracia de Dios se ha manifestado para salvación a todos los hombres, enseñándonos que, renunciando a la impiedad y a los deseos mundanos, vivamos en este siglo sobria, justa y piadosamente, aguardando la esperanza bienaventurada y la manifestación gloriosa de nuestro gran Dios y Salvador Jesucristo, quien se dio a sí mismo por nosotros para redimirnos de toda iniquidad y purificar para sí un pueblo propio, celoso de buenas obras"*** (Tito 2:11-14).

II. *La vida **útil** proporcionada por temer a Dios y guardar sus mandamientos*

✎*El rey Salomón, el hombre más sabio que haya vivido, pasó su vida buscando respuestas a las preguntas de la vida. Su conclusión es simple. Después de buscar por toda la tierra la plenitud de la vida, Salomón nos informa de sus conclusiones;* ***"Teme a Dios, y guarda sus mandamientos; porque esto es el todo del hombre"*** *(Eclesiastés 12:13). Estos mismos dos objetivos deben ser incluidos en la vida de todo joven cristiano.*

A. ***Teme a Dios*** - El temor de Dios no es para esconderse en un rincón, sino a respetarlo y no desear torcer quién y qué es. El temor de Dios es parte del mensaje del Evangelio que se encuentra en Apocalipsis 14:6-7, que dice: ***"Vi volar por en medio del cielo a otro ángel, que tenía el evangelio eterno para predicarlo a los moradores de la tierra, a toda nación, tribu, lengua y pueblo, diciendo a gran voz: Temed a Dios, y dadle gloria, porque la hora de su juicio ha llegado; y adorad a aquel que hizo el cielo y la tierra, el mar y las fuentes de las aguas."*** El temor del Señor se proclama que es la fuente de la sabiduría, la vida, la riqueza y la protección del mal en el libro de la sabiduría, Proverbios.

B. **<u>Guarda a Sus mandamientos</u>** - La obediencia al mandato de Dios prueba nuestro amor a Dios. No se puede decir que él ama a una persona si no quiere prestar atención a los deseos de ese individuo y sus mandatos. Jesucristo dijo: **"Si me amáis, guardad mis mandamientos"** (Juan 14:15). La obediencia también proporciona protección. Proverbios 19:16 dice, **"El que guarda el mandamiento guarda su alma; Mas el que menosprecia sus caminos morirá."**

✎*Salomón concluye con una realidad muy solemne, pero cierta. Un día, cada persona va a estar de pie delante de Dios. En aquel tiempo de juicio, ¡todo lo público y lo privado se dará a conocer y será juzgado basado en las normas del bien y del mal de Dios (II Corintios 5:8-11, Apocalipsis 22:11-15)!*

Eclesiastés 12:1
1 Acuérdate de tu Creador en los días de tu juventud,
antes que vengan los días malos,
y lleguen los años de los cuales digas:
No tengo en ellos contentamiento;

El Todo Del Hombre

Teme a Dios

Guarda Sus Mandamientos

Los Planos
a Construir
El Ministerio Bíblico
de Jóvenes

Aplicar las normas de Dios
a la vida diaria

Honra y Obediencia
de los padres

Dar quenta de la predicación
y
usar los recursos espiritual

Seguir los
ejemplos piadosos

Crecer en estatura
y en gracia para con
Dios y los hombres

Amar a Dios y a los hombres

LOS PLANOS PARA ESTABLECER UN MINISTERIO DE JÓVENES BASADO EN LA BIBLIA

LA HONRA Y LA OBEDIENCIA DE LOS PADRES EFESIOS 6:1-3

☞Los planos espirituales de un joven cristiano debe incluir la edificación para honrar y obedecer a sus padres. Un objetivo principal de la predicación/enseñanza será la autoridad y el papel que Dios da a los padres de cada joven. El programa de jóvenes también tratará de comunicarse con los padres para que se desempeñe como asistencia a ellos.

LA ENSEÑANZA DE JESUCRISTO MARCOS 12:29-31

☞Los planos espirituales para un joven cristiano debe incluir la edificación para amar a Dios y a su prójimo correctamente. Se le instruirá en conocer a Dios para que él sepa lo que le agrada y le desagrada. Servirá también para recordarle continuamente que todo pecado es una muestra de odio y rebelión contra Dios que destruye su relación con Dios. El programa le indicará a la persona joven que amar a los demás no es una emoción, sino más bien una decisión de vivir en humildad y sacrificio, colocando los intereses de los demás antes que sus propios intereses. ¡Continuamente le hará recordar que el amor verdadero nunca cometerá o promoverá el pecado!

EL EJEMPLO DE JESUCRISTO
LUCAS 2:52

☞Los planos espirituales para un joven cristiano debe incluir la edificación de crecer en sabiduría, salud y una correcta relación con Dios y el hombre. A cada joven se le dará oportunidades de crecimiento personal, espiritual, físico y en las relaciones divinas, teniendo tiempo a través de actividades para servir y adorar a Dios, así como ser una ayuda a los demás.

EL ESTABLECIMIENTO DE
LOS PATRONES ESPIRITUALES
II TIMOTEO 3:14-17

☞Los planos espirituales para un joven cristiano deben incluir edificación con la Palabra de Dios, al tiempo que proporciona recursos útiles para ayudarle en el establecimiento de hábitos de vida de obediencia a Dios. Se asegurará de proporcionar instrucción basada en la Biblia que primero guiará a cada joven a reconocer su necesidad de salvación, mientras que le da instrucciones acerca de cómo vivir después de su salvación.

LOS JÓVENES COMO EJEMPLOS
I TIMOTEO 4:12

☞Los planos espirituales de una persona joven cristiano debe incluir la edificación para ser un ejemplo espiritual, manteniendo un testimonio divino. Cada joven que realmente está tratando de vivir para Dios será un aliento espiritual a otros.

LOS SEGUIDORES DE
LOS HÉROES ESPIRITUALES
TITO 2:1-3

☞Los planos espirituales de una persona joven cristiano debe incluir la edificación de seguir el ejemplo de los adultos espiritualmente maduros en la iglesia local. Los pastores y líderes de la iglesia deben ser una parte del programa de jóvenes, pero la plena responsabilidad de ser un ejemplo piadoso e influencia descansa sobre los hombros de todos los miembros adultos de la iglesia. Esto requiere dedicación y responsabilidad por parte de la iglesia local con el fin de asegurarse de que los adultos que participan en el programa de jóvenes son en primer lugar todos dedicados a Dios. ¡El ministerio de jóvenes no es un lugar para los cristianos "tibios"! ¡Apenas cualquier cuerpo caliente no servirá para la obra de Dios!

LA EXPECTATIVAS DE DIOS
PARA LOS JÓVENES CREYENTES
TITO 2:4-8

☞Los planos espirituales para un joven cristiano debe incluir la edificación de aplicar las normas de Dios para la vida a sus actividades cotidianas. La participación de cristianos maduros adultos ayudará a los jóvenes a entender que una buena relación con Dios no consiste de rituales o costumbres religiosas, sino más bien una caminata diaria personal con su Salvador, al reconocer su autoridad sobre todas las áreas de su tiempo y de su vida. La instrucción verbal y los ejemplos cotidianos de adultos piadosos ayudarán a los jóvenes a comprender que Dios no está interesado sólo en adherirse a una lista de reglas, sino más bien en una vida que se vive para él de un deseo puro y personal de agradar a Dios. Este deseo de agradar al Señor dará lugar automáticamente a la práctica de imponer límites (normas) para evitar una relación rota. Este tipo de programa que toca la vida del joven producirá la instrucción más práctica espiritual posible.

LA HONRA Y LA OBEDIENCIA DE LOS PADRES

Efesios 6:1-3
Hijos, obedeced en el Señor a vuestros padres, porque esto es justo.
Honra a tu padre y a tu madre, que es el primer mandamiento con promesa;
para que te vaya bien, y seas de larga vida sobre la tierra.

☞Los planos espirituales de un joven cristiano debe incluir la edificación para honrar y obedecer a sus padres. Un objetivo principal de la predicación/enseñanza será la autoridad y el papel que Dios da a los padres de cada joven. El programa de jóvenes también tratará de comunicarse con los padres para que se desempeñe como asistencia a ellos.

I. **La <u>autoridad</u> y el <u>papel</u> de los padres en la vida de un joven.**
    ✎*Pablo nos ayuda a entender la autoridad y el papel que Dios ha dado a cada padre. Su enfoque para una familia cristiana es que cada miembro haga su parte y se someta a la dirección de las personas por encima de él. Esto es vital en la vida de cada joven. Entonces, ¿qué es "justo" en la vida del joven según Pablo? En la familia, ¿cuál es el papel adecuado para ser establecido en la vida de todo joven cristiano?*

    A. ***Hijos, <u>obedeced</u> en el Señor a vuestros padres, porque esto es justo.*** - La Biblia dice que sólo es "*justo*" o correcto que un joven obedezca a sus padres. En otras palabras, debe ser la norma y no la excepción. Es simplemente razonable que los quien Dios confió para nutrirle y cuidarle desde su nacimiento, sean obedecido.

    B. ***<u>Honra</u> a tu padre y a tu madre,*** - Honor involucra una actitud de respeto. Una persona respetada es escuchada porque se considera que tiene sabiduría para impartir. También se le dirige con palabras amables y humildes. Vez tras vez oímos a Salomón decir: "***hijo mío.***" Buscaba el oído de su joven para instruirle en la sabiduría, que es "***el temor de Jehová***" (Proverbios 9:10). (Cuán adecuado encontramos tanta sabiduría en el libro de Proverbios, un libro escrito por un padre a su hijo).

    C. ***Para que te vaya <u>bien</u>, y seas de larga vida sobre la tierra. (que es el primer mandamiento con promesa;)*** - La obediencia de honrar y obedecer a los padres trae consigo una gran promesa de Dios. Dios bendecirá a los que siguen este mandamiento con una buena y larga vida. Salomón dijo a su hijo: "***Hijo mío, está atento a mis palabras; Inclina tu oído a mis razones. No se aparten de tus ojos; Guárdalas en medio de tu corazón; Porque son vida a los que las hallan, Y medicina a todo su cuerpo***" (Proverbios 4:20-22).

Obediencia

Honra

LA ENSEÑANZA DE JESUCRISTO

Marcos 12:29-31
Jesús le respondió: El primer mandamiento de todos es:
el Señor nuestro Dios, el Señor uno es.
Y amarás al Señor tu Dios
con todo tu corazón, y con toda tu alma,
y con toda tu mente y con todas tus fuerzas.
Este es el principal mandamiento.
Y el segundo es semejante:
Amarás a tu prójimo como a ti mismo.
No hay otro mandamiento mayor que éstos.

☞Los planos espirituales para un joven cristiano debe incluir la edificación para amar a Dios y a su prójimo correctamente. Se le instruirá en conocer a Dios para que él sepa lo que le agrada y le desagrada. Servirá también para recordarle continuamente que todo pecado es una muestra de odio y rebelión contra Dios que destruye su relación con Dios. El programa le indicará a la persona joven que amar a los demás no es una emoción, sino más bien una decisión de vivir en humildad y sacrificio, colocando los intereses de los demás antes que sus propios intereses. ¡Continuamente le hará recordar que el amor verdadero nunca cometerá o promoverá el pecado!

II. **La enseñanza de Jesucristo**

   ✎*Jesucristo claramente presentó las dos verdades básicas necesarias para vivir una vida que honra a Dios. Jesús dijo:* "**De estos dos mandamientos depende toda la ley y los profetas**" *(Mateo 22:40). ¿Cuáles son las dos claves para una vida apropiada? ¿Qué dos cosas debe haber en la vida de todo joven cristiano?*

A. ***Y amarás al <u>Señor</u> tu Dios con todo tu corazón, y con toda tu alma, y con toda tu mente y con todas tus fuerzas.*** - Jesús estaba instruyendo a sus seguidores que su primer enfoque debe ser Dios. Su amor a Dios debe ser visto en todas las áreas de su vida y ser. En Juan 14:15 Jesús dice: "***Si me amáis, guardad mis mandamientos.***" Un creyente no puede pretender amar a Dios y luego violar su santidad. Si hay verdadero amor, habrá verdadero respeto y un deseo de no vivir en contra de quién y qué es Dios.

B. ***Amarás a tu <u>prójimo</u> como a ti mismo.*** - Jesús estaba ayudando a sus segadoras a entender que "***El amor no hace mal al prójimo; así que el cumplimiento de la ley es el amor***" (Romanos 13:10). Si este es la verdad en la vida de un creyente, él iría a buscar el mejor para el otro en lugar de su mejor.

EL EJEMPLO DE JESUCRISTO

Lucas 2:52
Y Jesús crecía en sabiduría y en estatura,
y en gracia para con Dios y los hombres.

☞Los planos espirituales de una persona joven cristiano debe incluir la edificación de crecer en sabiduría, salud, y una relación correcta con Dios y el hombre. A cada joven se le dará oportunidades para crecer personalmente, espiritualmente, físicamente y en las relaciones divinas, mientras que toma tiempo a través de actividades para servir y adorar a Dios, así como ser una ayuda a los demás.

III.   **El ejemplo de Jesucristo**

✎*Jesucristo creció en 4 áreas de su vida. Un ministerio de jóvenes que honra a Dios ayudará a cada joven a usar a Jesús como ejemplo en estas áreas. ¿Cuáles son las cuatro áreas de crecimiento? ¿En qué manera puede el ejemplo de Jesucristo ser aplicado a la vida de cada joven cristiano?*

A. *Y Jesús crecía en* <u>sabiduría</u> ...- Un estudio de la palabra "sabiduría" en toda la Escritura llenaría nuestros días con una profunda visión espiritual. Sin embargo, vamos a considerar que el Salmo 111:10 y Proverbios 9:10 enseña a los creyentes que la sabiduría viene del temor y el respeto de Dios, y Santiago 3:13-18 indica que la sabiduría celestial producirá una vida de pureza y carácter piadoso que producen acciones piadosas.

B. *Y Jesús crecía en ...* <u>estatura</u> *...* - El bienestar físico de una persona joven es importante para Dios. Dios nunca dice exactamente cuánto midió Jesús o cuánto pesaba, sino que indica que estaba sano y pasó a través de etapas de crecimiento al igual que cualquier otra persona joven. El cuerpo de Jesucristo y sus cambios fueron significativos a Dios. De la misma manera, Éxodo 10:10-11, Jeremías 1:4-7 y Mateo 10:30 enseña que el cuerpo de cada adolescente fue hecho específicamente y es conocido por Dios, y I Corintios 6:19-20 le instruye para mantener su cuerpo para la honra y gloria de Dios, ya que le pertenece.

C. *Y Jesús crecía en ...* <u>gracia para con Dios</u> *...* - Jesucristo vivió una vida de la que Dios pudo decir: "*Tú eres mi Hijo amado; en ti tengo complacencia*" (Marcos 1:11). Un breve estudio de la vida de Jesús revelará las siguientes áreas en que fue agradable a Dios, y en el que un creyente puede seguir su ejemplo.

1. Jesús sabía la Palabra de Dios - Lucas 2:46-47
2. Jesús obedeció a Dios y a los demás que estaban en autoridad - Lucas 2:51, 4:1
3. Jesús rechazó la tentación con la Palabra de Dios - Lucas 4:1-13

4. Jesús oró a Dios por sí mismo, así como para los demás - Lucas 22:39-46, Juan 17:1-26

5. Jesús cantaba alabanzas a Dios - Mateo 26:30

D. ***Y Jesús crecía en ... <u>gracia</u> para con ... los hombres.*** - Jesucristo no sólo agradó a Dios, él tuvo favor con los hombres. Durante la mayor parte de su ministerio, Jesucristo tuvo multitudes siguiéndole. Personas de todos los niveles de la vida buscaban su compañía. Fue sólo por el orgullo y el rechazo de su enseñanza sobre el pecado que fue rechazado. La vida y ministerio de Jesús ejemplifica varias maneras en que un joven cristiano debe mantener sus relaciones terrenales.

1. Jesús enseñó la Palabra y la voluntad de Dios - Mateo 5-7

2. Jesús fue un siervo - Juan 13:2-20, 15:12-14

3. Jesús tuvo compañerismo y relaciones - Lucas 2:13-15, Juan 11:20-36

4. Jesús fue un buen ejemplo - Filipenses 2:5-8

Sabaduria

E s t a t u

Lucas 2:52

Y Jesús crecía
en sabidura y en estatura,
y en gracia
para con Dios y los hombres.

Marcos 12:29-31

29 Jesús le respondió: El primer mandamiento de todos es: Oye, Israel, el Señor nuestro Dios, el Señor uno es.
30 Y amarás al Señor tu Dios con todo tu corazón, y con toda tu alma, y con toda tu mente y con todas tus fuerzas. Este es el principal mandamiento.

31 Y el segundo es semejante: Amarás a tu prójimo como a ti mismo. No hay otro mandamiento mayor que éstos.

Dios

Él cantó alabanzas a Dios (Mt. 26:10)

Él hizo un ejemplo para nosotros (Fil. 2:5-8)

Él oró a Dios para su mismo y los otros (Lc. 22:39-46, Jn. 17:1-20)

Él tenía comunión con otras (Lc. 2:13-15, Jn. 11:20-40)

Él rechazó tentación con La Palabra de Dios (Lc. 4:1-13)

Él sirvió otras con su vida y acciones (Jn. 13:2-20, 10:32-16)

Él obedeció a Dios y los otros en autoridad (Lc. 2:51, 4:1)

Él enseñó otras con La Palabra de Dios (Mt. 5-7)

Él supo La Palabra de Dios (Lc. 2:46-47)

En FAVOR con Dios

En FAVOR con Hombres

Joven — Otras

Lucas 2:52

Y Jesús crecía
en sabiduría y en estatura,
y en gracia para con Dios y los hombres.

Lucas 2:52

Y Jesús crecía
en sabiduría y en estatura,
y en gracia para con Dios y los hombres.

El Ministerio de Jovenes

Reuniones — Actividades

Edificando Adentro — Ministrando Afuera

Para Dios

Él cantó alabanzas a Dios (Mt. 26:10)

Él oró a Dios para su mismo y los otros (Lc. 22:39-46, Jn. 17:1-20)

Él rechazó tentación con La Palabra de Di

Él obedeció a Dios y a los otros en autoridad (Lc. 2:51, 4:1)

Él supo La alabra de Dios (Lc. 2:46-47)

Para Otros

Él hizo un ejemplo ara nosotros (Fil. 2:5-8)

Él tenía munión con otros (Lc. 2:13-15, Jn. 11:20-40)

Él sirvió otras con u vida y acciones (Jn. 13:2-20, 10:32-16)

Él enseñó otras con La Palabra de Dios (Mt. 5-7)

EL ESTABLECIMIENTO DE
LOS PATRONES ESPIRITUALES

II Timoteo 3:14-17
Pero persiste tú en lo que has aprendido y te persuadiste,
sabiendo de quién has aprendido;
Y que desde la niñez has sabido las Sagradas Escrituras,
las cuales te pueden hacer sabio para la salvación por la fe que es en Cristo Jesús.
Toda la Escritura es inspirada por Dios,
y útil para enseñar, para redargüir, para corregir, para instruir en justicia,
A fin de que el hombre de Dios sea perfecto,
enteramente preparado para toda buena obra.

☞Los planos espirituales para un joven cristiano deben incluir edificación con la Palabra de Dios, al tiempo que proporciona recursos útiles para ayudarle en el establecimiento de hábitos de vida de obediencia a Dios. Se asegurará de proporcionar instrucción basada en la Biblia que primero guiará a cada joven a reconocer su necesidad de salvación, mientras que le da instrucciones acerca de cómo vivir después de su salvación.

IV. **El establecimiento de <u>patrones</u> en la vida espiritual**
✎*Pablo, al escribir al joven Timoteo acerca de su vida espiritual y el ministerio, lo reta a ser fiel a lo que le habían enseñado y había establecido como patrones de la vida desde su juventud. Reta a Timoteo a ser fiel en primer lugar, por causa de los que amorosamente le habían enseñado. En segundo lugar, le animó a ser fiel en base a la fuente de la enseñanza, que era la Palabra de Dios. ¿Cómo pueden estos dos desafíos de Pablo ayudar a una persona joven a establecer patrones de vida espiritual? ¿Cómo pueden estos patrones de la vida espiritual ser incluido en la vida de todo joven cristiano?*

A. ***Pero <u>persiste</u> tú en lo que has aprendido y te persuadiste,*** - Los patrones de la vida espiritual deben establecerse con el fin de asegurar una vida larga de obediencia.

B. ***<u>Sabiendo de quién has aprendido;</u>*** - Los patrones de la vida espiritual no es algo natural, sino que debe ser aprendido a través de atender y aplicar personalmente la enseñanza espiritual.

C. ***Y que desde la <u>niñez</u> has sabido las Sagradas Escrituras,*** - Los patrones de vida espiritual deben ser basadas bíblicamente para asegurar un resultado que verdaderamente honre a Dios.

1. ***Las cuales te pueden hacer sabio para la <u>salvación</u> por la fe que es en Cristo Jesús.*** - Los patrones espirituales de la vida no pueden comenzar hasta que haya vida espiritual proporcionada por la salvación.

2. ***Toda la Escritura es <u>inspirada</u> por Dios,*** - Los patrones de vida espirituales deben hacer uso de los propósitos dados por Dios en las Escrituras.

   a. ***Y útil para ...***

      (1) <u>***Enseñar***</u>

      (2) <u>***Redargüir***</u>

      (3) <u>***Corregir***</u>

      (4) <u>***Instruir***</u> *en justicia*

   "A fin de que el hombre de Dios sea perfecto, enteramente preparado para toda buena obra."

¡PERSISTE TÚ!

LOS JÓVENES COMO EJEMPLOS

I Timoteo 4:12
Ninguno tenga en poco tu juventud,
sino sé ejemplo de los creyentes en palabra, conducta, amor, espíritu, fe y pureza.

Proverbios 20:11
Aun el muchacho es conocido por sus hechos,
Si su conducta fuere limpia y recta.

☞Los planos espirituales de un joven cristiano debe incluir la edificación para ser un ejemplo espiritual, manteniendo un testimonio divino. Cada joven que intenta en realidad vivir para Dios será un aliento espiritual a otros en la iglesia.

V. Instrucción en ser un <u>ejemplo</u> en lugar de ser despreciado

✎*Pablo escribe al joven Timoteo para instruirle en la forma en que debe vivir con el fin de que sea un ejemplo para los que le rodean. El deseo de Pablo para Timoteo es claro. No quería que los creyentes de edad mayor miren a Timoteo como un muchacho, no teniendo valor o ministerio para el Señor, sino que deseaba que Timoteo mostrara su madurez y valor en el ministerio por vivir una vida que honra a Dios. ¿Cuáles son las características que le ganará el respeto de los adultos piadosos? ¿Cuáles son las características que deben estar presentes en todo joven cristiano?*

1. *Ejemplo ... en <u>palabra</u>*
2. *Ejemplo ... en <u>conducta</u>*
3. *Ejemplo ... en <u>amor</u>*
4. *Ejemplo ... en <u>espíritu</u>*
5. *Ejemplo ... en <u>fe</u>*
6. *Ejemplo ... en <u>pureza</u>*

✎*Un estudio de estas palabras a través de las Escrituras nos ayudará a entender cómo un joven piadoso se verá. Muy a menudo un adolescente se queja de que los adultos no confían en él o que él es menospreciado (despreciado). Sin embargo, si pudiéramos encontrar un niño o una niña comprometidos con este nivel de vida, debemos estar seguros de no despreciarlos, sino colocarlos como ejemplo delante de toda la Iglesia y de nuestras comunidades para que todos puedan ver el poder y la santidad de Dios representada en su vida.*

I Timoteo 4:12

Ninguno tenga en poco tu juventud,
sino sé ejemplo de los creyentes en . . .

palabra

espíritu

fe

conducta

amor

pureza

LOS SEGUIDORES DE LOS HÉROES ESPIRITUALES

Tito 2:1-3
Pero tú habla lo que está de acuerdo con la sana doctrina.
Que los ancianos sean sobrios, serios, prudentes,
sanos en la fe, en el amor, en la paciencia.
Las ancianas asimismo sean reverentes en su porte;
no calumniadoras, no esclavas del vino, maestras del bien;

☞Los planos espirituales de un joven cristiano debe incluir la edificación de seguir el ejemplo de los adultos espiritualmente maduros en la iglesia local. Los pastores y líderes de la iglesia deben ser una parte del programa de jóvenes, pero la plena responsabilidad de ser un ejemplo piadoso e influencia descansa sobre los hombros de todos los miembros adultos de la iglesia. Esto requiere dedicación y responsabilidad por parte de la iglesia local con el fin de garantizar que los adultos que participan en el programa de jóvenes son en primer lugar dedicados a Dios y pueden ser héroes espirituales y mentores de la próxima generación. ¡El ministerio juvenil no es un lugar para los cristianos "tibios!" ¡Cualquier cuerpo caliente no servirá para la obra de Dios!

VI. **Instrucciones de lo que los <u>creyentes</u> más maduros deberían estar enseñando a la nueva generación.**

✎*Pablo instruye claramente a Tito para que se prepare personalmente, así como a tener otros cristianos adultos preparados para instruir a la próxima generación de la forma de vivir la vida cristiana. Pablo comienza presentando las expectativas de los adultos espiritualmente maduros, e incluye en estas expectativas que deben instruir a los más jóvenes que ellos. Esta expectativa no se da sólo a los pastores y diáconos, sino a todos los individuos espiritualmente maduros en la iglesia. ¿Cuáles son las normas para los que están enseñando a la juventud? ¿Qué se debe esperar de una "madurez espiritual" cristiana?*

A. **Un <u>adulto</u> maduro espiritualmente debe <u>ser</u> ...**
   1. **El <u>hombre</u> cristiano**
      a. ***<u>Sobrios</u>***
      b. ***<u>Serios</u>***
      c. ***<u>Prudentes</u>***
      d. ***Sanos en la <u>fe</u>***
      e. ***Sanos ... en el <u>amor</u>***
      f. ***Sanos ... en la <u>paciencia</u>***

2. **La <u>mujer</u> cristiana**
    a. *<u>Reverentes</u> en su porte*
    b. *No <u>calumniadoras</u>*
    c. *No <u>esclavas</u> del vino*
    d. *<u>Maestras</u> del bien*

***Qué bueno sería si todos los jóvenes
estuvieran siguiendo el ejemplo de un adulto así como su héroe.***

Sobrio
Serios
Prudentes
Sanos en la Fe
Sanos en el Amor
Sanos en la Paciencia

Reverentes en su Porte
No Calumniadoreas
Noesclavas del Vino
Maestras del Bien

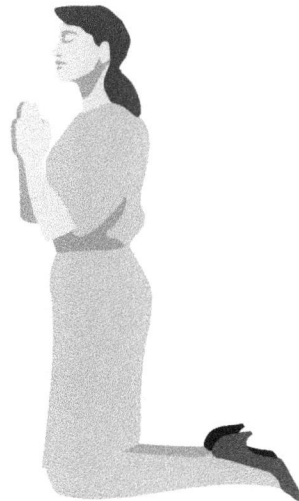

EXPECTATIVAS DE DIOS PARA LOS JÓVENES CREYENTES

Tito 2:4-8
Que enseñen a las mujeres jóvenes a amar a sus maridos y a sus hijos,
a ser prudentes, castas, cuidadosas de su casa, buenas, sujetas a sus maridos,
para que la palabra de Dios no sea blasfemada.
Exhorta asimismo a los jóvenes a que sean prudentes;
presentándote tú en todo como ejemplo de buenas obras;
en la enseñanza mostrando integridad,
seriedad, palabra sana e irreprochable,
de modo que el adversario se avergüence,
y no tenga nada malo que decir de vosotros.

☞Los planos espirituales de una persona joven cristiana debe incluir la edificación de aplicar normas de Dios para la vida a sus actividades cotidianas. La participación de adultos cristianos maduros ayudará al joven a entender que una buena relación con Dios no consiste de rituales religiosos o costumbres, sino más bien un diario caminar personal con su Salvador, al reconocer su autoridad sobre todas las áreas de su tiempo y de la vida. Las instrucciones verbales y los ejemplos cotidianos de adultos piadosos ayudarán a los jóvenes a comprender que Dios no está interesado sólo en la adhesión a una lista de reglas, sino más bien en una vida que se vive para él de un deseo puro y personal de agradar al Señor. Este deseo de agradar al Señor dará lugar automáticamente a los límites prácticos (reglas) para evitar una relación rota. Esta clase de programa que toca vidas va a producir la instrucción espiritual más práctica posible.

✎*Pablo continúa instruyendo a Tito en lo que el cristiano maduro debe enseñar a la próxima generación. Pablo no es suave ni políticamente correcto. Él es directo, específico y audaz. Manda a los adultos mayores en la iglesia local a instruir a la próxima generación para cumplir con los mismos estándares que los adultos. Reconoció que Dios es santo y llama a los adultos y jóvenes por igual al mismo nivel. Pablo también instruye a enseñar contrario a las filosofías del mundo en cuanto a la sensualidad, la vida familiar, la vida despreocupada, el habla, etcétera. ¿Cuáles son los niveles de instrucción dada por Pablo a los mayores para enseñar a los más jóvenes en la iglesia local? ¿Cuáles son las normas que se deben enseñar y se aplican a la vida de todo joven cristiano?*

B. **Un <u>joven</u> Cristiano debe crecer espiritualmente tratando de ser ...**

   1. **La <u>muchacha</u> Cristiana** (sana en vivir/seria)

      a. *Amar a sus <u>maridos</u>*

      b. *Amar ... a sus <u>hijos</u>*

      c. *Ser <u>prudentes</u>*

      d. *<u>Castas</u>*

      e. *<u>Cuidadosas</u> de su casa*

      f. *<u>Buenas</u>*

      g. *<u>Sujetas</u> a sus maridos*

          "Para que la palabra de Dios no sea blasfemada."

   2. **El <u>muchacho</u> Cristiano**

      a. *<u>Prudentes</u>*

      b. *Presentándote tú en todo como ejemplo de buenas obras*

         (1)   *En la enseñanza mostrando <u>integridad</u>*

         (2)   *<u>Seriedad</u>*

         (3)   *<u>Palabra</u> sana e irreprochable*

            "De modo que el adversario se avergüence,
        y no tenga nada malo que decir de vosotros."

   ✎*Pablo concluye cada lista de expectativas con una conclusión. No deseaba que Dios sea blasfemado ni que el mundo perdido tenga algo para desacreditar su testimonio.*

Tito 2:4-8

4 que enseñen a las mujeres jóvenes a amar a sus maridos y a sus hijos,
5 a ser prudentes, castas, cuidadosas de su casa, buenas, sujetas a sus maridos, para que la palabra de Dios no sea blasfemada.

6 Exhorta asimismo a los jóvenes a que sean prudentes;
7 presentándote tú en todo como ejemplo de buenas obras; en la enseñanza mostrando integridad, seriedad,
8 palabra sana e irreprochable, de modo que el adversario se avergüence, y no tenga nada malo que decir de vosotros.

Amar a sus maridos y a sus hijos

Cuidadosas de su casa

Prudentes

Buenas

Castas

Sujetas a sus maridos

Prudentes

Seriedad

Ejemplo de buenas obras

Palabra sana e irreprochable

La enseñanza mostrando integridad

Para que la palabra de Dios no sea blasfemada.

De modo que el adversario se avergüence, y no tenga nada malo que decir de vosotros.

II Timoteo 3:16-17

16 Toda la Escritura es inspirada por Dios, y útil para enseñar, para redargüir, para corregir, para instruir en justicia,

17 a fin de que el hombre de Dios sea perfecto, enteramente preparado para toda buena obra.

Los Bloques de Construcción

Actividades

evangelismo compañerismo ministerio

JOVENES

Versiculos de Memoria

TRABAJADOR CON JOVENES

Oración

PADRES

Estudio Bíblico Personal

PASTOR

Enseñanza

LOS BLOQUES
DE CONSTRUCCIÓN

El programa "**JOVEN,** Ejemplo de los Creyentes" ha sido formateada para incluir cada "Fundamento" y "Plano" para la participación de la iglesia local en la vida de los jóvenes para que puedan convertirse en los líderes fieles del mañana. Por esta razón, el plan para la aplicación de estos principios está estructurado para ayudar a los adultos de la iglesia local a que tengan una parte intrínseca de aliento espiritual para la próxima generación. También está diseñado para desafiar a cada joven a caminar personalmente con el Señor a diario. El programa incluye un programa de incentivos para ayudar a cada joven a fijar una meta y ver que el objetivo sea cumplido llevando a cabo las responsabilidades básicas de la vida de un creyente. Por favor, revise la siguiente información para ver cómo usted puede ser capaz de animar a los jóvenes de su iglesia a través de la utilización de este programa.

I Corintios 3:9
*Porque si el ministerio de condenación fue con gloria,
mucho más abundará en gloria el ministerio de justificación.*

LAS PERSONAS

I. Las personas involucradas en el programa "**JOVEN,** Ejemplo de los Creyentes."
   A. El <u>Pastor</u>
      1. La base bíblica para el liderazgo del pastor - Efesios 4:11-16
         a. El pastor/maestro es dado a la iglesia local por <u>Dios,</u> y tiene la supervisión sobre cada aspecto de la iglesia local, incluyendo el programa de jóvenes.
         b. El pastor/maestro es dado a la iglesia local por Dios para el propósito de <u>perfeccionar</u> o madurar a cada creyente en las cosas del Señor.
         c. El pastor/maestro es dado a la iglesia local por Dios para que pueda <u>entrenar</u> a cada miembro a vivir una vida pura y servir al Señor.
         d. El pastor/maestro es dado a la iglesia local por Dios para que haya <u>unidad</u> en doctrina, conocimiento del Señor Jesucristo y la semejanza a Cristo.
         e. El pastor/maestro es dado a la iglesia local por Dios para <u>prevenir</u> la influencia de falsos maestros a través de la predicación fiel y la enseñanza de la Palabra de Dios.
         f. El pastor/maestro es dado a la iglesia local por Dios y tiene la responsabilidad de <u>predicar</u> y enseñar las verdades de la Palabra de Dios sin disculpas, pero en amor para que el crecimiento espiritual sea evidente.

Hebreos 13:7, 17
Acordaos de vuestros pastores,
que os hablaron la palabra de Dios;
considerad cuál haya sido el resultado de su conducta, e imitad su fe.
Obedeced a vuestros pastores, y sujetaos a ellos;
porque ellos velan por vuestras almas, como quienes han de dar cuenta;
para que lo hagan con alegría, y no quejándose,
porque esto no os es provechoso.

2. Las aplicaciones prácticas al Ministerio de Jóvenes
   a. El pastor siempre debe tener la <u>palabra</u> final en cuanto a lo que se debe enseñar, las actividades que se harán, etcétera.
   b. El pastor tiene derecho a <u>solicitar</u> un informe acerca del programa de jóvenes en cualquier momento.
   c. El pastor puede <u>desautorizar</u> cualquier regla o imponer cualquier regla en cualquier momento cuando lo considera apropiado.
   d. El pastor hará la <u>decisión</u> final en cuanto a cómo se utilizarán los puntos y los fondos acumulados (Cuál campamento, cuáles libros, etcétera).

B. El <u>Ministro</u> de Jóvenes (o director de jóvenes)
   1. La base bíblica para siervos en la iglesia local - Hechos 6:1-7
      a. El propósito para ministros servidores (vs. 1-2, 4)
         (1) Hubo un grupo de <u>miembros</u> de la iglesia quienes fueron olvidados o tenían necesidad de atención específica.
         (2) Los <u>discípulos</u> (liderazgo de la iglesia primitiva) necesitaban tiempo para estudiar, y predicar la Palabra de Dios además de tiempo para orar.
      b. Los requisitos dados para ministros servidores en la iglesia (3, 5-7)
         (1) ***Hubo <u>murmuración</u>*** - Un ministro servidor fue dado la responsabilidad de ministrar con el propósito de eliminar disensión en la iglesia.
         (2) ***Buscad, pues, hermanos, de entre vosotros*** - Un ministro servidor fue un miembro de la iglesia quien no estaba llevando a cabo un ministerio de tiempo completo en el liderazgo de la iglesia, y aceptaría la obra de asistir al liderazgo en la iglesia de ministrar a las necesidades de los miembros de la iglesia.
         (3) ***Buen testimonio*** - Un ministro servidor era un miembro de la iglesia quien era conocido por su testimonio fiel y carácter piadoso.
         (4) ***Llenos del <u>Espíritu</u> Santo*** - Un ministro servidor desplegaba el fruto del Espíritu Santo y era sensitivo a su convicción y liderato en su vida diaria.

(5) ***Llenos de ... sabiduría*** - Un ministro servidor anhelaba vivir en el temor del Señor para poder aplicar correctamente la Palabra de Dios a las circunstancias de cada día para sí mismo y en su trato con otros.

(6) ***Presentaron ante los apóstoles, quienes, orando, les impusieron las manos*** - Un ministro servidor fue reconocido por la iglesia entera como un individuo calificado, y oraban por él para que busque la aprobación y bendición de Dios en su obra.

"Y crecía la palabra del Señor ..."

2. Las aplicaciones prácticas al Ministerio de Jóvenes
   a. El Ministro de Jóvenes debe ser un miembro de buena conducta y enteramente dedicado a la iglesia local.
   b. El Ministro de Jóvenes debe ser fiel en su asistencia y atención durante cada culto en la iglesia.
   c. El Ministro de Jóvenes está presente para asistir al director de jóvenes en llevar a cabo la voluntad de Dios en la vida de cada persona joven.
   d. El Ministro de Jóvenes debe desplegar un estilo de vida piadosa en cada área de vida (su tiempo devocional personal, su vida de oración, evangelismo, etcétera).
   e. El Ministro de Jóvenes debe procurar unidad en el grupo de jóvenes y en la iglesia local en todo tiempo, por tanto debe apoyar las enseñanzas, actividades, y normas de la iglesia local.
   f. El Ministro de Jóvenes es fiel en cumplir su ministerio con puntualidad y eficiencia, reconociendo que está sirviendo a Dios y buscando su bendición.

C. Los Adultos miembros de la iglesia
   1. La base bíblica para el involucramiento de miembros adultos de la iglesia - Tito 2:1-3
      a. Los requisitos dados para miembros adultos de la iglesia (vs. 2-3)
         (1) Los hombres - ***"Sobrios, serios, prudentes, sanos en la fe, en el amor, en la paciencia."***

     (2)   Las <u>mujeres</u> - *"Sean reverentes en su porte; no calumniadoras, no esclavas del vino, maestras del bien;"*

b. El propósito para miembros adultos en la iglesia (vs. 4-8)
    (1)   Las <u>mujeres</u> - *"Que enseñen a las mujeres jóvenes a ..."*
       (a) *Amar a sus maridos*
       (b) *Amar a sus ... hijos*
       (c) *Ser prudentes*
       (d) *Castas*
       (e) *Cuidadosas de su casa*
       (f) *Buenas*
       (g) *Sujetas a sus maridos*
"... para que la palabra de Dios no sea blasfemada."
    (2)   Los <u>hombres</u> - *"Exhorta asimismo a los jóvenes a que sean prudentes ..."*
       (a) *Presentándote tú en todo como ejemplo de buenas obras;*
         i) *En la enseñanza mostrando integridad*
         ii) *Seriedad*
         iii) *Palabra sana e irreprochable,*
"... de modo que el adversario se avergüence, y no tenga nada malo que decir de vosotros."

2. Las aplicaciones prácticas al Ministerio de Jóvenes
  a. Cada miembro adulto de la iglesia debe ser una influencia piadosa sobre la siguiente generación por mantener un <u>testimonio</u> piadoso de dedicación y fidelidad en obedecer la Palabra de Dios en todas las áreas de su vida.
  b. Cada miembro adulto de la iglesia debe ser una influencia piadosa sobre la siguiente generación por sus <u>palabras</u> de aliento y de admonición basado en principios bíblicos.
  c. Cada miembro adulto de la iglesia debe ser una influencia piadosa sobre la siguiente generación por dar de sí <u>mismo</u> como una inversión sabia de sus recursos personales (tiempo, dinero, hogar, amor, etcétera).

D. Los <u>Padres</u>
  1. La posición biblia de los padres
    a. El papel bíblico de los padres
      (1) Su <u>autoridad</u> - Los padres deben ser reconocidos como la primera autoridad otorgado por Dios sobre su hijo joven (Génesis 2:24-25, Efesios 5:31, 6:1-4, Colosenses 3:20-21).
      (2) Su <u>instrucción</u> - Los padres son responsable de instruir personalmente y asegurar que otros estén instruyendo a su hijo joven en las cosas del Señor, y que el joven esté aplicando principios bíblicos a su vida diaria apropiadamente (Deuteronomio 6:1-25, 11:18-21, 31:10-13, Proverbios 22:6, Efesios 6:4, Colosenses 3:21).
      (3) Su <u>protección</u> - Los padres tienen el derecho y la responsabilidad de proteger a sus hijos jóvenes de cualquier influencia mundana o falsa enseñanza (Génesis 2:24-25, Efesios 5:31, Números 30:3-5).
      (4) Su <u>corrección</u> - Los padres son la fuente primaria de corrección para su hijo joven. (Dios también ha dado algunas medidas de corrección al gobierno y la iglesia local cuando la corrección de padres no es suficiente) (Proverbios 13:24, 22:15, 23:24, 29:15, Hebreos 12:5-15).
      (5) Su <u>sacrificio</u> - Los padres deben estar dispuestos a sacrificar su voluntad para sus hijos jóvenes y reemplazarlo con la voluntad de Dios, no importa cuán difícil sea emocionalmente o cuán lejos los enviará (Génesis 22:1-19, I Samuel 1:20-28, Lucas 14:26-27).
  2. Las aplicaciones prácticas al Ministerio de Jóvenes
    a. El Ministerio de Jóvenes debe estar en abierta y frecuente <u>comunicación</u> con los padres para ser de asistencia y no un estorbo.
    b. El Ministerio de Jóvenes debe proveer <u>enseñanza</u> bíblica sólida para el joven en todo tiempo, y cuando posible debe proveer ayudas bíblicas, consejo, e instrucción para los padres para mejorar la familia entera y cumplir el papel de la iglesia para la familia entera.

c. El Ministerio de Jóvenes debe aceptar inmediatamente las <u>preocupaciones</u> de los padres en cuanto a influencias mundanas los cuales están afectando a los jóvenes y el ministerio de jóvenes.

d. El Ministerio de Jóvenes debe buscar la <u>colaboración</u> de los padres con problemas de conducta e insubordinación.

e. Los padres deben reconocer que son <u>responsables</u> ante Dios para su hogar y sus jóvenes, y que el ministerio de jóvenes está disponible como una asistencia pero no un reemplazo de un hogar cristiano.

f. Los padres deben aprender a <u>apoyar</u> y animar al ministerio de jóvenes y la enseñanza bíblica y normas establecidas para poder ver a sus jóvenes alcanzar la madurez espiritual.

g. Los padres deben mantener a sus hijos jóvenes <u>responsables</u> en cumplir su trabajo en el grupo de jóvenes, y asegurarse que están en asistencia en toda ocasión posible.

h. Los padres deben <u>animar</u> la participación de jóvenes en el ministerio, mientras que oran y se dan cuanta que Dios podría usarlos para hacer un impacto grande en el mundo.

E. El <u>Joven</u>
1. El papel bíblico del joven
   a. El joven debe reconocer la iglesia local y su liderazgo como dado a ellos por Dios para su <u>instrucción</u> espiritual y <u>protección</u> (Efesios 4:11-16).
   b. El joven debe reconocer su necesidad de prestar <u>atención</u> y <u>obedecer</u> a las autoridades que Dios ha colocado en sus vidas (Hebreos 13:17).
   c. El joven debe aceptar estas <u>participaciones</u> activas y ver el <u>valor</u> del consejo y ejemplo de los adultos espiritualmente maduros (Proverbios 4:20-23, 11:14, Efesios 4:11-16, 6:1-3, 1 Juan 5:16).
   d. El joven debe entender y cumplir con las <u>responsabilidades</u> que tienen personalmente, para poder crecer espiritualmente (Salmos 1:1-6, Hebreos 10:24-25, II Timoteo 2:15).
   e. El joven debe ver la necesidad de aplicar la <u>Palabra</u> de Dios a cada aspecto de su vida (Lucas 12:47-48, II Timoteo 3:14-17, Santiago 1:21-25, 4:17).

2. Las aplicaciones prácticas al Ministerio de Jóvenes
   a. Cada joven debe entender que el <u>ministerio</u> de jóvenes es parte del ministerio de la iglesia local y por tanto establecida primordialmente para su bienestar espiritual.
   b. Cada joven debe entender la <u>autoridad</u> otorgada por Dios y el papel del pastor, obrero de jóvenes, miembros adultos piadosos y padres, y desplegar un respeto y atención apropiada para ellos.
   c. Cada joven debe estar agradecido por el <u>consejo</u> y el <u>aliento</u> de adultos piadosos para que puedan crecer espiritualmente y ser protegidos de peligro.
   d. Cada joven debe <u>anhelar</u> asistir y participar en el ministerio de jóvenes por completar las responsabilidades asignadas.
   e. Cada joven debe dedicarse a <u>vivir</u> una vida centrada en Dios de acuerdo a las verdades que se le ha enseñado.

EL PLAN

II. El plan para el programa de "**JOVEN,** Ejemplo de los Creyentes"
*Cada reunión de jóvenes en el programa "JOVEN Ejemplo de los Creyentes" incluirá varias actividades claves. Cada aspecto de las reuniones de jóvenes debe ser basada sobre una o más "Fundamentos" o "Planos". El siguiente ejemplo y explicación de un horario de reunión de jóvenes dará entendimiento en cuanto a la estructura y propósito para cada parte de la reunión de jóvenes para que cada joven pueda crecer en "**Teme a Dios, y guarda sus mandamientos**" (Eclesiastés 12:13-14). Este ejemplo de un horario comienza a las 7:00 pm y acaba a las 8:15 pm.*

A. **7:00-7:15 - "Premiando Fidelidad"** - Mateo 25:14-30, Filipenses 3:17
   1. Cada joven se reunirá con el obrero asignado para dar un informe del trabajo completado en su registro diario espiritual, asignaciones, versículo de memoria, etc., desde la semana pasada.
   La oportunidad de reconocer y animar en el área de logros espirituales y fidelidad de un joven es muy útil en motivarlos a continuar sirviendo al Señor. Jesucristo, al usar la parábola de los talentos, enseña que Dios ha dado responsabilidades a cada persona individualmente, y premiará su fidelidad con bendiciones y elogios, y a la vez la falta de fidelidad con castigo (Mateo 25:14-30). A través de esta enseñanza, es claro que Dios desea dar cuentas en la vida de creyentes y a la vez busca reconocer un trabajo bien hecho.

B. **7:15-7:20 - Oración de apertura** - I Reyes 8:22-26, Hechos 4:23-31
   1. La oración de apertura puede ser hecho por un obrero o por un joven designado. (Preferiblemente un muchacho, debido al hecho de que es un culto de la iglesia, y los jóvenes varones necesitan aprender a tomar un papel público de liderazgo.
   2. La oración de apertura no tiene que incluir una lista entera de peticiones de oración sino que debe estar enfocado en pedir a Dios por su voluntad y dirección en la reunión.

C. **7:20-7:30** - <u>**Anuncios**</u> **y** <u>**Cánticos**</u> - Salmos 100:1-2, Efesios 5:18-20, Colosenses 3:16-17

    1. Los anuncios deben ser breves, pero deben ser vistos como importante, y no repetido innecesariamente.

    2. Cada joven debe participar en el tiempo de cantos. Se debe reconocer que los cantos no se cantan para los que están físicamente presente, sino más importante para nuestro Dios quien está presente. Dios debe ser el enfoque de cada aspecto del tiempo de cantos. (La música y las palabras de cada canto deben elevar la santidad de nuestro Dios).

    *El tiempo de cantos debe reflejar el gozo que está en el corazón del joven por causa de su relación con su Salvador. El tiempo de cantos también reflejará la obra del Espíritu Santo en la vida de cada joven. Los cantos deben ser escogidos por su tono que honra a Dios y su enfoque en Dios.

D. **7:30-8:00** - <u>**Predicación**</u> **y** <u>**Enseñanza de la Palabra de Dios**</u> - I Corintios 1:17-25, Efesios 4:11-16, II Timoteo 3:14-17, II Pedro 1:2-4.

    *El pastor/maestro presentará un reto/lección basada en la Biblia que edificará al joven en su caminar con el Señor y le ayudará a tener victoria espiritual diaria sobre las pruebas y tentaciones. Se dará un enfoque no solo para instruir las verdades de la Palabra de Dios, sino también por hacer preguntas e involucrar a los jóvenes por interacción, asistiendo al joven a hacer su búsqueda, evaluación y aplicación de las Escrituras por sí mismo. Será un tiempo práctico de estudio que debe incluir lecciones centradas en Dios acerca de devociones personales, tiempo de oración, relaciones, autoridad, deseos carnales y pensamientos, presiones de amigos, etcétera. *La enseñanza y predicación de la Palabra de Dios debe ser el centro del ministerio juvenil.

E. **8:00-8:05** - <u>**Memorización**</u> **Bíblica** - Salmos 119:11, Lucas 4:1-13

    1. Presente el versículo de memoria para la próxima semana y repáselo con los jóvenes para estar seguro de que entienden el significado bíblico del versículo.

    *El proceso de memorizar es más fácil para unos que otros, sin embargo cada individuo puede participar. Dios dice que es su Palabra la que nos

protege de la tentación. La oportunidad de memorizar porciones de la Biblia, las cuales pueden ser recitadas en cualquier circunstancia para prevenir a un joven del pecado, es de gran valor. Con frecuencia, el Espíritu Santo utiliza los versículos de memoria para proteger, dirigir, y consolar a un creyente en el momento específico cuando es necesitado. Los mejores resultados vendrán cuando el versículo es relacionado directamente con la lección estudiada durante el tiempo de predicación/enseñanza. Por presentar a los jóvenes con un versículo imprimido y aun ilustrado en una tarjeta, el líder de jóvenes les está ayudando a recordar y poner en práctica el versículo durante la semana.

F. **8:05-8:15 - <u>Oración</u>** - Mateo 18:19-20, Hechos 12:5-17

1. Un líder de los jóvenes o un joven designado presentará la oportunidad para peticiones de oración por esa semana. (Esta es una gran oportunidad para los jóvenes a utilizar listas de oración provistas a ellos en su registro diario espiritual).

2. Después del tiempo para peticiones de oración, el grupo puedo orar juntos o dividir en grupos menores. Sin embargo, no se debe permitir que oren sin un adulto en su grupo. (La presencia de un adulto asistirá en dos maneras. Primero, el tiempo puede permanecer serio y enfocado en la gloria de Dios. Segundo, el obrero de jóvenes llega a ser un ejemplo de cómo orar para los jóvenes que no están seguros).

Tiempo de oración como parte de un Ministerio de Jóvenes es muy importante. Es durante este tiempo que los jóvenes pueden oír las necesidades y oír las alabanzas de otros. Se ha dicho que el tiempo de oración es la fuente de poder de la iglesia. ¿Qué mejor forma hay de ver a Dios obrar en y por medio de la siguiente generación?

<u>Actividades y Eventos Especiales</u>

*Actividades de jóvenes pueden ser una gran herramienta o un impedimento grande en el ministerio de jóvenes. Cada individuo involucrado en el ministerio juvenil debe poner el valor apropiado sobre el ejercicio de piedad antes que el ejercicio corporal. La Biblia dice, "... **Ejercítate para la piedad; porque el***

ejercicio corporal para poco es provechoso, pero la piedad para todo aprovecha, pues tiene promesa de esta vida presente, y de la venidera" *(I Timoteo 4:7-8). El grupo de jóvenes no debe estar enfocado en actividades para mantener la asistencia. Esto no es decir que las actividades son pecaminosas, sin embargo cada actividad debe tener un propósito. Recuerde que Dios debe recibir la gloria y debe tener el primer lugar (I Corintios 10:31). Hay básicamente tres clases de actividades. Cualquiera de los tres se pueden utilizar juntos, pero debe haber un propósito en mente cuando se planea la actividad para que haya preparación adecuada ambos en los físico como en lo espiritual.*

★ El Compañerismo - Proverbios 27:17

*Actividades de compañerismo son enfocados sobre un tiempo de interacción entre creyentes. Puede ser algo tan simple como un refrigerio después de un culto, o tan complejo como un día entero planeado en un parque o cultos especiales de predicación. El enfoque está sobre los cristianos animando unos a otros.

★ El Evangelismo - II Corintios 5:17-20

*Actividades evangelísticas pueden ser tan simples como un tiempo de visitación o repartir tratados, o tan complejo como una actividad grande. Mientras la actividad llega a ser más detallada, el propósito y enfoque del evangelismo no debe empequeñecer. Cada actividad utilizada durante una actividad de gran escala debe mantener normas bíblicas y un proceso que honra a Dios.

★ El Ministerio - Filipenses 2:4-8

*Las actividades del ministerio se enfocarán en torno al servicio a Dios y a otros. Estas actividades podrían consistir de días de trabajo o proyectos de aliento. Aun si la actividad involucra labor físico, sería bueno tomar tiempo para un breve reto bíblico para mantener un enfoque bíblico.

Las Directivas

La Biblia provee ciertas normas que pueden ser aplicadas directamente al ministerio de jóvenes. Estas normas no siempre provienen directamente de un capítulo o versículo, pero con frecuencia tendrá un principio bíblico para ayudarnos a saber lo que es y no es una conducta aceptable.

Proverbios 22:3, 27:12
El avisado ve el mal y se esconde;
Mas los simples pasan y reciben el daño.

★ La Biblia será abierta y utilizada durante todos los tiempos de predicación y enseñanza (Romanos 10:17, II Timoteo 2:15, 3:16-17, II Pedro 1:2-4).

★ Cada joven participará en el tiempo de cantos (Salmos 100:1-2, Efesios 5:18-20, Colosenses 3:16-17).

★ Se demostrará respeto apropiado a los adultos en todo tiempo (Hebreos 13:17).

★ Se anticipará una comunicación apropiada en todo momento (Efesios 5:1-7).

★ Toda ropa cubrirá la figura del cuerpo y debe presentar una distinción de la filosofía del mundo (I Timoteo 2:9-10).

★ Los jóvenes del sexo opuesto deben mantener una distancia apropiada del uno al otro para eliminar cualquier tentación (I Corintios 7:1).

★ No habrá oportunidades para la carne a caer en tentación y pecado (Proverbios 22:3, 27:12, Romanos 13:14, II Timoteo 2:22).

★ Miembros del sexo opuesto no podrán estar solos en ningún momento.

★ Se pueden asignar lugares para sentarse para eliminar distracciones y tentaciones.

Los Formularios

Estos formularios se proveen en el apéndice para asistir en el proceso del ministerio.

★ La Información de los Jóvenes - Una lista breve con el nombre, dirección, fecha de nacimiento, edad, nombre de los padres y teléfonos.

★ Asistencia de los Jóvenes - Una forma de mantenerse al tanto de la asistencia de mes a mes.

★ Programa de Los Reunión de los Jóvenes - Un formulario se sugiere para organizar su tiempo durante las reuniones de jóvenes.

★ Propuesto Actividades - Una lista breve de los doce meses y un sitio para una actividad mensual para ayudar a planear su agenda anual según el calendario.

★ Preparación por las Actividades - Una forma rápida de planear y preparar para actividades juveniles venideras.

Las Herramientas

ORACIÓN

PREDICACIÓN

DEVOCIONES MÍOS

VERDADES DE BIBLIA

VERSÍCULOS DE MEMORIA

DIARIO ESPIRITUAL

Las Herramientas para Construir una Vida Semejante a Cristo

El ministerio "**JOVEN,** Ejemplo de los Creyentes" pretende no sólo desafiar a cada joven a tener un caminar personal con el Señor, sino que también proporciona las herramientas para ayudar en el proceso de día a día. Es muy fácil escribir algunas instrucciones o proporcionar algunos diseños para una casa nueva, pero un plan no cumple con el trabajo. Sin las herramientas de construcción, los planes sobre el papel nunca se harán realidad. Lo mismo es cierto con la vida cristiana. Muchas ideas pueden ser discutidas el domingo, pero si esos planes nunca son aplicados al resto de la semana, nunca se construirá la vida espiritual. Además, un conocimiento y disciplina en el uso de cada herramienta debe ser aprendido. Así como un martillo no se puede utilizar como un destornillador, la oración no se puede utilizar como una lista de deseos egoístas. Así como trabajar el lunes ayudará a avanzar, pero no se completará el trabajo para el resto de la semana, la coherencia en la comunicación personal con Dios debe ser diaria.

La meta de este ministerio es proporcionar un recurso para cada joven que es personal así como útil. El "Diario Espiritual" proporciona a cada persona joven con un recurso. Adentro pueden grabar sus devociones personales, verdades bíblicas, peticiones de oración, notas de sermones, etcétera.

Este recurso es simplemente una herramienta. Una herramienta que nunca es utilizada o es abusada nunca cumple su propósito. Sin embargo, cuando se utiliza correctamente y fielmente, los resultados pueden ser sorprendentes.

I Corintios 3:10-15
10 Conforme a la gracia de Dios que me ha sido dada, yo como perito arquitecto puse el fundamento, y otro edifica encima; pero cada uno mire cómo sobreedifica.
11 Porque nadie puede poner otro fundamento que el que está puesto, el cual es Jesucristo.
12 Y si sobre este fundamento alguno edificare oro, plata, piedras preciosas, madera, heno, hojarasca,

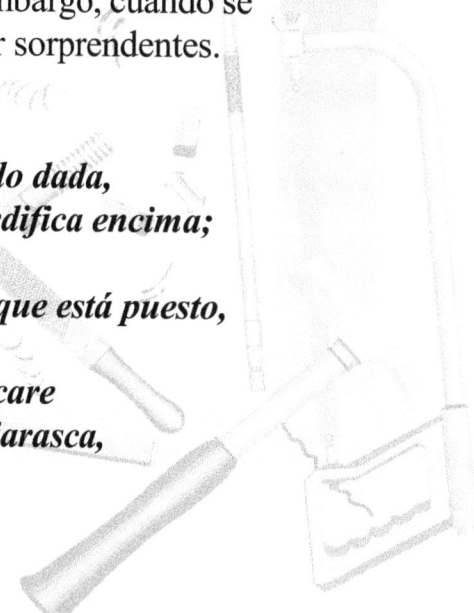

13 *la obra de cada uno se hará manifiesta;*
porque el día la declarará, pues por el fuego será revelada;
y la obra de cada uno cuál sea, el fuego la probará.
14 *Si permaneciere la obra de alguno que sobreedificó,*
recibirá recompensa.
15 *Si la obra de alguno se quemare, él sufrirá pérdida,*
si bien él mismo será salvo, aunque así como por fuego.

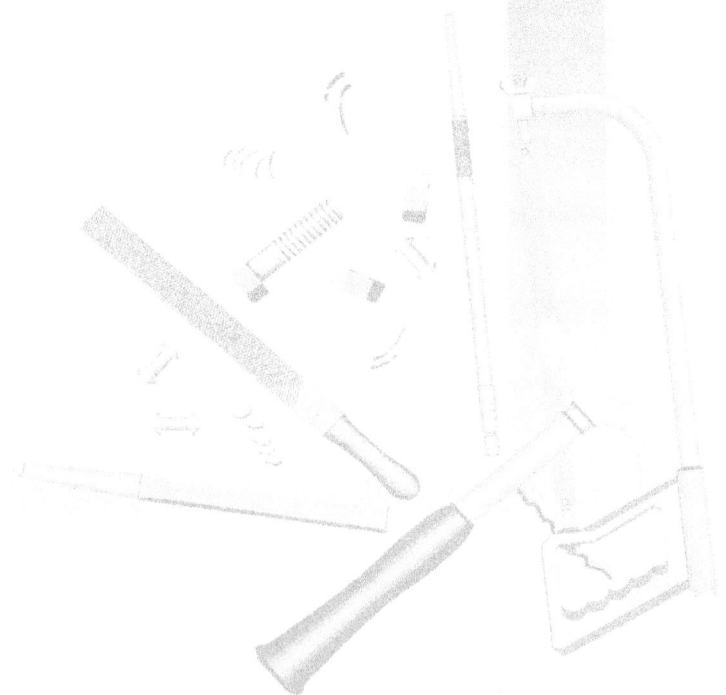

El Diario Espiritual Personal
El Inventario de
la Caja de Herramientas Espirituales

♦ **Formulario Devocional Personal** - II Timoteo 3:16-17
*La Palabra de Dios es "**útil para enseñar, para redargüir, para corregir, para instruir en justicia.**" Estas cuatro categorías nos ayudan a entender el proceso y el propósito de la Biblia. Al completar este formulario, un joven puede muy fácilmente tomar lo que dice la Biblia, le permite convencerle de pecado en su vida, tomar tiempo para confesar y corregir el pecado, y documentar las formas en la que puede evitar el pecado en el futuro.*

♦ **Registro de Verdades Bíblicas** - Deuteronomio 6:4-25
Verdades bíblicas, cuando encontradas, pueden ser una gran bendición y aliento, pero a menudo se olvidan. Al hacer una lista de temas con versículos específicos y pasajes, un joven puede volver rápidamente a los pasajes para encontrar la enseñanza de Dios para su vida cuando lo necesita.

♦ **Registro de Memorización Bíblica** - Salmos 119:11
La memorización bíblica es esencial para ayudar a tener la Palabra de Dios para cada circunstancia de la vida incluso cuando la Biblia no está disponible. La Palabra de Dios es nuestra fuente de conocimiento acerca de Dios y lo que Él quiere de nosotros. ¿Qué mejor manera para que un puede joven asegurarse de su obediencia a la voluntad de Dios, que tener su palabra oculta o memorizada en su corazón?

♦ **Registro de Oración** - Mateo 6:5-18, Hebreos 4:16, Santiago 4:1-3
La oración es una conversación muy especial con nuestro Dios. A menudo, la oración se convierte en una simple declaración de nuestra lista de deseos personales sin agradecer y alabar a Dios por lo que él es o lo que ha hecho. Al unir el registro de verdades bíblicas y el registro de oración personal, un joven puede utilizar la oración para alabar a Dios por lo que Él es, mientras que busca su voluntad en cada pedido de oración sin olvidar a alabar a Dios cuando Él tiernamente demuestra su respuesta amorosa. Cada joven puede elegir diversas categorías de oración, escribir la categoría en la parte superior de una página de peticiones de oración, y luego dividir las categorías a las diferentes

divisiones diarias proporcionadas para que siempre sepa cuál es su tema de oración para ese día.

♦ **Notas de <u>Sermones</u>** - Santiago 1:22-25, Colosenses 1:25-29
La predicación de la Palabra de Dios es esencial en la vida de cada joven. La oportunidad que se les enseñe lo que Dios dice y lo que quiere en la vida no puede ser reemplazado. Sin embargo, es muy fácil dejarse llevar por el sueño durante la predicación incluso olvidar algunas de las verdades fundamentales de un mensaje sólo unos minutos después de que el culto ha terminado. Por esta razón, Dios nos advierte de no ser olvidadizo al leer su Palabra, sino más bien a ser **"hacedores de la palabra, y no tan solamente oidores."** *Al tomar notas del sermón, un joven será retado a estar más atento a la predicación, así como tener un recurso para revisar en los próximos años.*

♦ **Notas Juveniles**
Al igual que notas del sermón, es útil para el joven tener una categoría específica destinada a la enseñanza y para hojas repartidas durante el culto de jóvenes. A menudo, la enseñanza presentada durante este tiempo estará directamente relacionada con la vida de un joven y puede ser una gran manera para él encontrar la enseñanza de Dios acerca de un evento o circunstancia que está experimentando en ese momento. Esta sección también puede ayudar a los jóvenes de acordarse lo que se ha enseñado y lo que se espera en el ministerio juvenil.

♦ **Notas Personales**
Cada joven tiene sus propias notas personales, ideas, etc., que fácilmente puede mantener con él y utilizarlos para recordarle eventos del ministerio de jóvenes, tareas, etcétera.

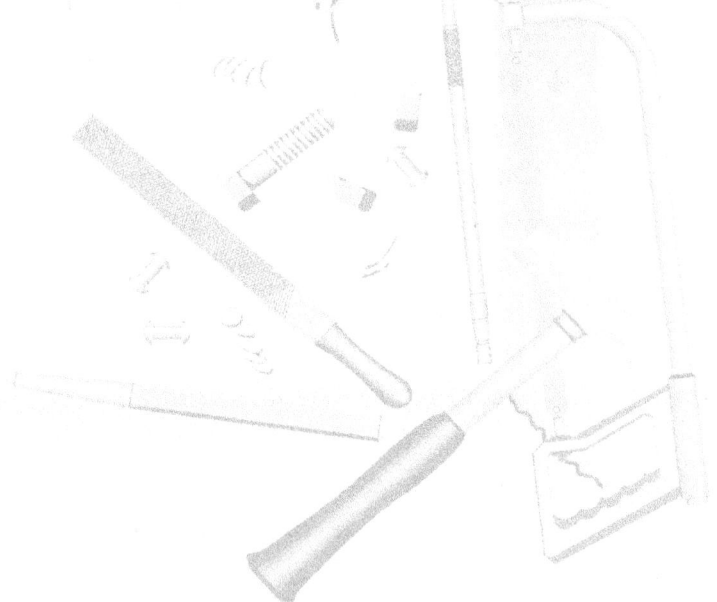

El Estudio Bíblico Personal
II Timoteo 3:16-17

La Palabra de Dios fue **"inspirada por Dios"** y dada a la humanidad para enseñarle sobre Quien es Dios y lo que Él espera de ella (II Timoteo 3:16). La Palabra de Dios es verdad y Jesús en Su oración a Dios por los creyentes dijo, **"Santifícalos en tu verdad; tu palabra es verdad"** (Juan 17:17). Salmo 19:7-11 dice, **"La ley de Jehová es perfecta, que convierte el alma; El testimonio de Jehová es fiel, que hace sabio al sencillo. Los mandamientos de Jehová son rectos, que alegran el corazón; El precepto de Jehová es puro, que alumbra los ojos. El temor de Jehová es limpio, que permanece para siempre; Los juicios de Jehová son verdad, todos justos. Deseables son más que el oro, y más que mucho oro afinado; Y dulces más que miel, y que la que destila del panal. Tu siervo es además amonestado con ellos; En guardarlos hay grande galardón."** La Palabra de Dios fue dada para que la humanidad pueda conocer a Dios y vivir para Su gloria por ser **"perfecto, enteramente preparado para toda buena obra"** (II Timoteo 3:17).

La Palabra de Dios es **"útil para enseñar, para redargüir, para corregir, para instruir en justicia"** (II Timoteo 3:16). Estas cuatro obras útiles de la Palabra de Dios nos ayudan a entender el proceso que la Biblia hace para **"santificar"** aquellos que la obedecen. Por entender el significado de cada obra y cumplir el formulario presentado al fin de éste estudio, usted puede entender mejor lo que Dios está enseñando a usted, permitir que le convence de su pecado, tener tiempo para confesión y corrección del mismo, y documentar las maneras que le puedan protegerse de los pecados en el futuro.

I. *Toda la Escritura es ... útil para _enseñar_*
    ☞*El _Profesor_ - Los profesores enseñan información y verdades a sus estudiantes. (Salmos 119:18, 100, 104)*
    ✎La pregunta clave es, **"¿Qué me enseña la Palabra de Dios sobre Dios y lo que el espera de mí?"**

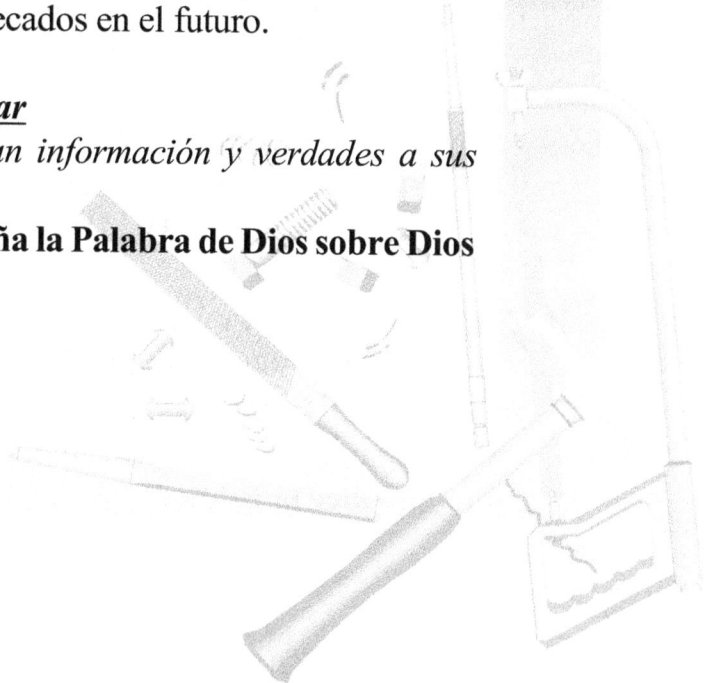

Se pregunta
"¿qué, cuándo, cómo, por qué,
y cuáles son los resultados
del mensaje presentada
o la historia compartida?"

★ ... sobre Dios?
    ★ ... Quién Él es?
    ★ ... Qué Él ha hecho?
    ★ ... Lo que Él aprueba?
    ★ ... Lo que Él desaprueba?
★ ... sobre el mundo?
★ ... sobre otros creyentes?
★ ... sobre la vida espiritual?
★ ... sobre las relaciones interpersonales?

A. II Pedro 1:2-4 - *Como todas las cosas que pertenecen a ... y ... nos han sido dadas por su divino poder, mediante el conocimiento de aquel que nos llamó por su gloria y excelencia,*
1. *La <u>vida</u>*
2. *La <u>piedad</u>*
*Jeremías 9:23-24, Colosenses 2:2-3, 3:10

B. II Timoteo 3:15 - *... las Sagradas Escrituras, las cuales te pueden hacer ...*
1. *Sabio para la <u>salvación</u>*

C. Juan 8:31-32 - *Si vosotros permaneciereis en mi palabra ...*
1. *Seréis verdaderamente mis <u>discípulos</u>*
2. *Y conoceréis la <u>verdad</u>*
3. *Y la verdad os hará <u>libres</u>*
*Libertad verdadera de la esclavitud del mundo, la carne, y Satanás (Romanos 6:11-23).

II. *Toda la Escritura es ... útil ... para <u>redargüir</u>*

☞*El <u>Detective</u> - Los detectives investigan las situaciones para encontrar todos los problemas. (Salmos 119:130, 176)*

✎La pregunta clave es, **"¿En cuáles áreas de mi vida he errado, basado en lo que dice la Biblia?"**

A. Hebreos 4:12-13 - *Porque la palabra de Dios es ...*

    *Isaías 55:11, Jeremías 23:29

1. *Viva* - Es viva con Su propio poder y voluntad
2. *Eficaz* - Es sin límite de Su habilidad
3. *Más cortante que toda espada de dos filos* - Es con precisión en Su penetración

    a. *Penetra hasta partir ...*

        (1)   *El alma* - La condición espiritual

        (2)   *El espíritu* - El proceso de pensar

        (3)   *Las coyunturas y los tuétanos* - El pecado físico

        (4)   *Discierne los pensamientos y las intenciones del corazón* - La imaginación y el motivo privado

    b. *Y no hay cosa creada que no sea manifiesta en su presencia; antes bien todas las cosas están ... a los ojos de aquel a quien tenemos que dar cuenta.*

        (1)   *Desnudas* - La visión como rayo-x de Dios

        (2)   *Abiertas* - El cerrajero de Dios

III.   *Toda la Escritura es ... útil ... para corregir*

☞*El Conserje - Los conserjes trabajan para limpiar lo que está sucio o roto. (Salmos 119:9)*

✎La pregunta clave es, **¿Cuáles áreas de mi vida tengo que cambiar, basado en lo que dice la Biblia?**

A. Juan 15:1-3 - *Ya vosotros ... por la palabra que os he hablado*

    1. *Estáis limpios*

B. Juan 17:15-17 - *... tu palabra es verdad.*

    1. *Santifícalos en tu verdad*

C. Efesios 5:25-27 - *Así como Cristo amó a la iglesia, y se entregó a sí mismo por ella ...*

    *Efesios 4:17-32

    *Colosenses 3:1-17

    1. *Para santificarla, habiéndola purificado en el lavamiento del agua por la palabra*

    2. *A fin de presentársela a sí mismo, una iglesia gloriosa*

        a. *Que no tuviese mancha ni arruga ni cosa semejante*

        b. *Sino que fuese santa y sin mancha*

IV.	*Toda la Escritura es ... útil para ... **instruir** en justicia*

☞*El **Protector** (guardia) - Los protectores toman acción antes de que algo llega a ser un problema. (Salmos 119:11, 101, 105, 133)*

✎**La pregunta clave es, ¿Qué puedo aprender de la Biblia para que me proteja del pecado en el futuro?**

A. Salmo 1:1-6 - *Bienaventurado el varón que ... en la ley de Jehová ... Y en su ley ...*

*Santiago 1:21-25

1. *Está su **delicia***
2. ***Medita** de día y de noche*

B. Salmo 19:7-11 - *Los juicios de Jehová son verdad, todos justos ...*

1. *Tu siervo es además **amonestado** con ellos*
2. *En guardarlos hay grande **galardón***

C. Lucas 4:1-13 - *Jesús, respondiéndole, dijo ...*

*Jesucristo rechazó las tentaciones de Satanás por citar las Escrituras

1. ***Escrito** está: No sólo de pan vivirá el hombre, sino de toda palabra de Dios.*
2. *Vete de mí, Satanás, porque **escrito** está: Al Señor tu Dios adorarás, y a él solo servirás.*
3. ***Dicho** está: No tentarás al Señor tu Dios.*

D. Romanos 10:17 - *Así que ... es por el oír, y el oír, por la palabra de Dios.*

1. *La **fe***

E. Colosenses 3:16-17 - *La **palabra** de Cristo more en abundancia en vosotros, ...*

1. ***Enseñándoos***
2. ***Exhortándoos** unos a otros ...*

⇨Dios desea contestar todas sus preguntas de la vida para su propio beneficio (Mateo 7:7-8). El mejor lugar de encontrar las respuestas de Dios es en Su Palabra escrita. Él desea que usted tenga todo lo necesario para la vida piadosa por crecer diariamente en el conocimiento de Él.

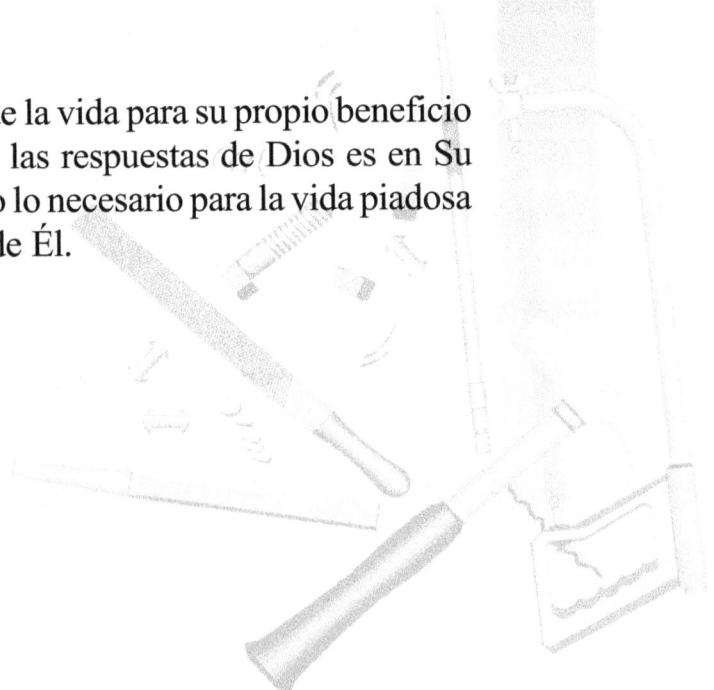

II Pedro 1:2-4

2 Gracia y paz os sean multiplicadas,
en el conocimiento de Dios y de nuestro Señor Jesús.
3 Como todas las cosas
que pertenecen a la vida y a la piedad
nos han sido dadas por su divino poder,
mediante el conocimiento de aquel que nos llamó
por su gloria y excelencia,
4 por medio de las cuales nos ha dado
preciosas y grandísimas promesas,
para que por ellas llegaseis a ser participantes
de la naturaleza divina,
habiendo huido de la corrupción que hay en el mundo
a causa de la concupiscencia;

⇨*El formulario "Estudio Bíblico" sigue el enfoque de I Timoteo 3:16-17 por hacer las preguntas: ¿de qué manera el pasaje leído es para* **"enseñar, para redargüir, para corregir, para instruir en justicia?"** *Al final del formulario, hay un espacio provisto para escribir una oración a Dios para pedirle ayuda en la obediencia a lo que ha aprendido.*

Salmos 19:7-14

7 *La ley de Jehová es perfecta,*
que convierte el alma;
El testimonio de Jehová es fiel,
que hace sabio al sencillo.
8 *Los mandamientos de Jehová son rectos,*
que alegran el corazón;
El precepto de Jehová es puro, que alumbra los ojos.
9 *El temor de Jehová es limpio,*
que permanece para siempre;
Los juicios de Jehová son verdad, todos justos.
10 *Deseables son más que el oro,*
y más que mucho oro afinado;
Y dulces más que miel, y que la que destila del panal.
11 *Tu siervo es además amonestado con ellos;*
En guardarlos hay grande galardón.
12 *¿Quién podrá entender sus propios errores?*
Líbrame de los que me son ocultos.
13 *Preserva también a tu siervo de las soberbias;*
Que no se enseñoreen de mí;
Entonces seré íntegro, y estaré limpio de gran rebelión.
14 *Sean gratos los dichos de mi boca*
y la meditación de mi corazón
delante de ti, Oh Jehová,
roca mía, y redentor mío.

¡Qué mejor manera para conocer a Dios
que leer diariamente Su carta de amor
que Él escribió para usted!

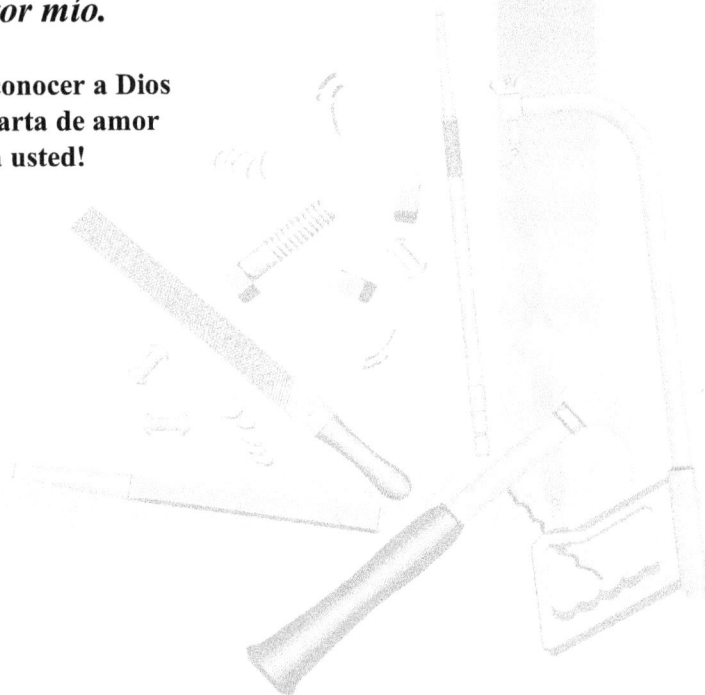

La Oración
Mateo 6:9-15

La oración es una conversación especial con Dios. Tristemente, muchas veces nuestra oración es simplemente una presentación de una lista de deseos personales, sin dar alabanzas o las gracias a Dios por Quien es Él o lo que Él ha hecho.

Jesucristo enseñó a sus discípulos, en Mateo 6:5-8, a pasar tiempo en privado, en comunión con Dios el Padre por la oración sencilla. Él les dio un ejemplo de la oración en Mateo 6:9-13 por decir, "*Vosotros, pues, oraréis así: Padre nuestro que estás en los cielos, santificado sea tu nombre. Venga tu reino. Hágase tu voluntad, como en el cielo, así también en la tierra. El pan nuestro de cada día, dánoslo hoy. Y perdónanos nuestras deudas, como también nosotros perdonamos a nuestros deudores. Y no nos metas en tentación, mas líbranos del mal; porque tuyo es el reino, y el poder, y la gloria, por todos los siglos. Amén.*" En este ejemplo de oración, Jesús glorificó a Dios y le pidió por ambas las necesidades físicas y espirituales. Así es como usted debe orar diariamente de su vida.

I. El mandato para orar
   A. I Tesalonicenses 5:17-18 - *Sin* <u>*cesar*</u>
   B. I Timoteo 2:8 - *En todo* <u>*lugar*</u> *... levantando manos santas, sin ira ni contienda.*
   C. Efesios 6:18 - *En todo* <u>*tiempo*</u> *... velando en ello con toda perseverancia*
   D. Hebreos 4:16 - <u>*Confiadamente*</u> *... hallar gracia para el oportuno socorro.*

II. Como orar - Mateo 6:5-8, 16-18
   A. *Y cuando ores, no seas como los hipócritas ... ora a tu Padre que está en* <u>*secreto*</u>
      *Orar en privacidad para la audiencia de Dios solamente
   B. *Y orando, no uséis vanas* <u>*repeticiones,*</u> *como los gentiles*
      *La oración sencilla es lo que Dios contesta

III.   Para que orar - Mateo 6:9-15 (Lucas 11:1-13)
       *"*Vosotros, pues, oraréis así: ...*"
       A. **_Padre_ nuestro que estás en los cielos**
          *Reconocer a Quien le está orando - El único Dios verdadero
       B. **_Santificado_ sea tu nombre**
          *Dar honra a Dios en oración
       C. **Venga tu reino. Hágase tu _voluntad_, como en el cielo, así también en la tierra**
          *Buscar que la voluntad de Dios sea logrado.
       D. **El pan nuestro de cada día, _dánoslo_ hoy**
          *Expresar dependencia en Dios por las necesidades personales y publicas
       E. **Y _perdónanos_ nuestras deudas, como también nosotros perdonamos a nuestros deudores**
          *Expresar dependencia en Dios por el perdón de los pecados personales
       F. **Y no nos _metas_ en tentación, mas _líbranos_ del mal**
          *Expresar dependencia en Dios por protección de las tentaciones y el mal
       G. **Porque _tuyo_ es el reino, y el poder, y la gloria, por todos los siglos**
          *Re-reconocer Quien es Dios y que todo pertenece a Él

La Parábola de la Petición del Amigo
(Lucas 11:5-13)

☆ La petición del amigo (5-7)
   *Porque tenía una visita a medianoche
   ★ La circunstancia de la petición - El llegó a medianoche
   ★ La necesidad del amigo - La cultura Palestina exigía la hospitalidad
   ★ La situación de la familia - ellos estaban en la cama
☆ La repuesta a la petición (7-8)
   ★ La actitud de resistencia
   ★ La respuesta de renuencia
☆ Las lecciones que son enseñadas (9-10)
   ★ Tenemos que llegar en reverencia a Dios con nuestras necesidades
   ★ Dios hará lo que es mejor para nosotros siempre, y Él va a hacerlo para aquellos que oren con fidelidad

IV. Para quien orar
  A. Los creyentes
    1. Filipenses 1:3-11
      a. La oración de acción de gracias
        (1) ***Doy <u>gracias</u> a mi Dios siempre que me acuerdo de vosotros***
          *Por la fidelidad en el pasado (basado en un testimonio piadoso)
        (2) ***Que el que comenzó en vosotros la buena obra, la <u>perfeccionará</u> hasta el día de Jesucristo***
          *Por la expectativa de fidelidad en el futuro (basado en Jesucristo)
          *La confianza que Jesucristo va a trabajar continuamente en y guiar a un amado debe traer mucha paz y gozo
      b. La oración para el progreso
        (1) ***Que vuestro <u>amor</u> abunde aun más y más***
          *No es el amor mundial fundado en los sentimiento y la sensualidad (Juan 13:35, Romanos 12:9-10, I Corintios 13, Colosenses 1:9-17)
          (a) ***En <u>ciencia</u>***
            *No sea conocimiento de este mundo, sino de Dios (Romanos 16:19, Colosenses 2:2-3, 3:10, II Pedro 1:2-4)
          (b) ***En todo <u>conocimiento</u>***
            *No emitir juicios, sino es discernimiento de que no es santo ni puro (Proverbios 22:3, 27:12, Santiago 3:13-18)
          (c) ***Para que aprobéis lo <u>mejor</u>***
            *No buscando la excelencia según el mundo, sino según Dios (Filipenses 2:12-13, Efesios 5:8-12)
        (2) ***De que seáis <u>sinceros</u> e irreprensibles***
          *No teniendo las distracciones y las razones por descreditarse, sino el enfoque y la puridad (I Corintios 1:4-9, 9:24-27)
          (a) ***Para el <u>día</u> de Cristo***
            *No limitado a días ni semanas, sino sin límite hasta que Jesucristo vuelva (I Tesalonicenses 3:11-13, I Juan 2:28)

(3)   *Llenos de frutos de <u>justicia</u> que son por medio de Jesucristo, para gloria y alabanza de Dios*
   *No siendo controlado ni influenciado por el mundo que produce el fruto de la carne, sino controlado por Jesucristo, que produce el fruto del Espíritu y la justicia (Hebreos 12:11-13, 13:20-21, Santiago 3:13-18)

2. Colosenses 1:9-17

9 Por lo cual también nosotros ...
no cesamos de orar por vosotros ...
que seáis ...

a. *Llenos del <u>conocimiento</u> de su voluntad*
   *El entendimiento y la aplicación de la voluntad perfecta de Dios (Romanos 12:1-2, Santiago 3:14-18)
   (1)   *En toda <u>sabiduría</u>*
   (2)   *<u>Inteligencia</u> espiritual,*

b. *Que andéis como es <u>digno</u> del Señor, agradándole en todo,*
   *Una vida que glorifica a Dios en todo (Romanos 6:1, Efesios 4:1-3, 5:1-2, 15-17)
   (1)   *Llevando fruto en toda buena <u>obra</u>,*
   (2)   *Creciendo en el <u>conocimiento</u> de Dios;*

c. *Fortalecidos con todo <u>poder</u>, conforme a la potencia de su gloria,*
   (1)   *Para toda <u>paciencia</u> ... con gozo*
   (2)   *Para toda ... <u>longanimidad</u> con gozo*

12 ... dando gracias al Padre
que nos hizo aptos para participar de la herencia
de los santos en luz
13 El cual nos ha librado
de la potestad de las tinieblas,
y trasladado al reino de su amado Hijo,
14 En quien tenemos redención por su sangre,
el perdón de pecados.
15 El es la imagen del Dios invisible,
el primogénito de toda creación.

> *16 Porque en él fueron creadas todas las cosas,*
> *las que hay en los cielos y las que hay en la tierra,*
> *visibles e invisibles;*
> *sean tronos, sean dominios,*
> *sean principados, sean potestades;*
> *todo fue creado por medio de él y para él.*
> *17 Y él es antes de todas las cosas,*
> *y todas las cosas en él subsisten;*

B. Por los incrédulos
  1. I Timoteo 2:1, 4-6 - ***Que se hagan rogativas, oraciones, peticiones y acciones de gracias, por todos los <u>hombres</u>***
    *Por todos los perdidos para que ellos sean salvos
C. Por los autoridades
  1. I Timoteo 2:1-6 - ***Que se hagan rogativas, oraciones, peticiones y acciones de gracias, por todos los hombres ... por los <u>reyes</u> y por todos los que están en <u>eminencia</u>***
    *Por todos los autoridades para que haya paz para vivir piadosamente
D. Por los líderes de la iglesia
  1. Romanos 15:30-33 - ***Que me <u>ayudéis</u> orando por mí a Dios***
    *Para que ministren fielmente con fruto espiritual y seguridad (II Corintios 1:11, Efesios 6:18-20, Colosenses 4:2-4, I Tesalonicenses 5:24-25, II Tesalonicenses 3:1-2, Hebreos 13:18)
E. Por los trabajadores de la iglesia
  1. Mateo 9:35-38 - ***Rogad, pues, al Señor de la mies, que envíe <u>obreros</u> a su mies***
    *Para que mas creyentes trabajen en el ministerio

V. La ayuda de Dios en oración
  A. Romanos 8:26-27 - ***Y de igual manera el <u>Espíritu</u> nos ayuda en nuestra debilidad***
    *El Espíritu Santo está clarificando nuestras necesidades a través de Su intercesión para nosotros.
  B. Hebreos 4:14-16, 7:23-35 - ***Por tanto, teniendo un gran sumo sacerdote que traspasó los cielos, <u>Jesús</u> el Hijo de Dios***
    *Jesucristo está sentado al lado de Dios haciendo intercesión para nosotros.

VI.   Las prevenciones a la oración
    A. Isaías 59:1-2 - ***Pero vuestras <u>iniquidades</u> han hecho división entre vosotros y vuestro Dios, y vuestros <u>pecados</u> han hecho ocultar de vosotros su rostro para no oír***
       *La presencia del pecado (Salmos 66:18)
    B. Marcos 11:25-26 - ***Porque si vosotros no <u>perdonáis</u>, tampoco vuestro Padre que está en los cielos os perdonará vuestras ofensas***
       *La falta del perdón para con los demás (Mateo 18:23-35)
    C. Santiago 1:5-7 - ***Pero pida con fe, no <u>dudando</u> nada ... No piense, pues, quien tal haga, que recibirá cosa alguna del Señor***
       *La falta de fe en Dios
    D. Santiago 4:1-3 - ***No tenéis lo que deseáis, porque no <u>pedís</u> ... Pedís, y no recibís, porque pedís <u>mal</u>, para gastar en vuestros deleites***
       *La falta de pedir y las peticiones del egoísmo

**¡Cuál mejor manera de incluir a Dios
en cada parte de su vida
que hablar con Él en oración
acerca de cada evento!**

⇨*El formulario de "Peticiones y Alabanzas" provee un formato organizado para escribir y recordar cada petición, y la fecha en que la respuesta sea dada para que se pueda dar la alabanza a Dios correctamente.*

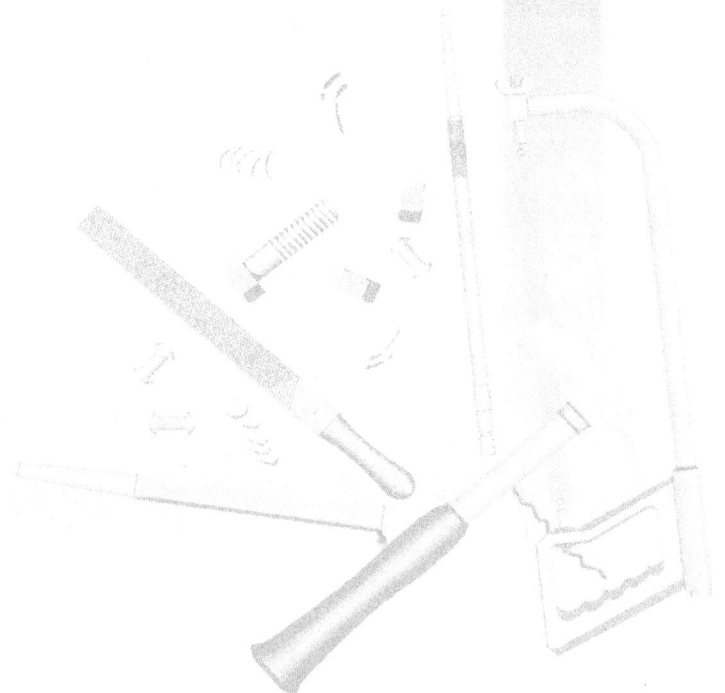

Las Verdades Bíblicas
Deuteronomio 6:4-25
Deuteronomio 11:18-28

Las verdades Bíblicas encontrados durante el tiempo devocianal diario, predicación o conversación con otros creyentes pueden ser de gran bendición y estímulo espiritual, pero frecuentemente ellas son olvidadas. Dios no quiere que ellas sean olvidadas, sino que sean guardadas y recordadas frecuentemente. Santiago 1:25 dice, *"Mas el que mira atentamente en la perfecta ley, la de la libertad, y persevera en ella, no siendo oidor olvidadizo, sino hacedor de la obra, éste será bienaventurado en lo que hace."*

Es importante, en estos días tan llenos de distracciones, que usted documente y repase las verdades Bíblicas que se encuentra, para que pueda guardar las promeses de Dios en su corazón y obedecer los mandatos de Dios a través de sus acciones.

I. El mandato para recordar
    *"**Cuídate de no olvidarte de Jehová**"
    A. Recordar Quien es Dios - *Jehová nuestro **Dios**, Jehová uno es* (4, 15)
    B. Recordar lo que Dios ha hecho (12, 20-23) - *Cuídate de no olvidarte de Jehová, que te **sacó** de la tierra de Egipto*
    C. Recordar lo que Dios espera
        1. Amar a Dios (5-6) - *Y **amarás** a Jehová tu Dios de todo tu corazón, y de toda tu alma, y con todas tus fuerzas*
        2. Enseñar a sus hijos sobre Dios (7-9) - *Las **repetirás** a tus hijos, y **hablarás** de ellas estando en tu casa, y andando por el camino, y al acostarte, y cuando te levantes.*
        3. Reconocer lo que Dios quiere de usted (13-14)
            a. *A Jehová tu Dios **temerás***
            b. *A Jehová tu Dios ... solo **servirás***
            c. *A Jehová tu Dios ... por su nombre **jurarás*** *[dependerás]*
            d. *No **andaréis** en pos de dioses ajenos, de los dioses de los pueblos que están en vuestros contornos*
        4. Guardar los mandamientos de Dios (17-25) - ***Guardad** cuidadosamente los mandamientos de Jehová vuestro Dios, y sus testimonios y sus estatutos que te ha mandado*

II. El método para recordar

*"*Las repetirás a tus hijos*"

A. *Hablarás de ellas* (7)

*Hable de las verdades Bíblicas y los versículos diariamente

B. *Las atarás como una señal en tu mano* (8)

*Apuntar las verdades Bíblicas y los versículos en tarjetas o papeles para poder traerlos consigo y leerlos durante el día

C. *Estarán como frontales entre tus ojos* (8)

*Apuntar las verdades Bíblicas y los versículos en los lugares mas vistos frecuentemente (Guía de automóvil, nevera, tocador, etc.)

D. *Las escribirás en los postes de tu casa* (9)

*Apuntar a las verdades Bíblicas y los versículos en el hogar por las cuadras y las placas

E. *Las escribirás ... en tus puertas* (9)

*Apuntar las verdades Bíblicas y los versículos como saludos en su puerta, ambos, para la llegada y la salida

III.   Los resultados de recordar

*"*Para que ...*"

A. *Nos vaya bien todos los días,* (24)

B. *Nos conserve la vida, como hasta hoy* (24)

C. *Tendremos justicia* (25)

Deuteronomio 6:25
25 ... cuando cuidemos de poner por obra
todos estos mandamientos delante de Jehová nuestro Dios,
como él nos ha mandado.

Jeremías 9:23-24
23 Así dijo Jehová:
No se alabe el sabio en su sabiduría,
ni en su valentía se alabe el valiente,
ni el rico se alabe en sus riquezas.
24 Mas alábese en esto el que se hubiere de alabar:
en entenderme y conocerme,
que yo soy Jehová,
que hago misericordia, juicio
y justicia en la tierra;
porque estas cosas quiero, dice Jehová.

II Pedro 1:12
12 Por esto,
yo no dejaré de recordaros siempre estas cosas,
aunque vosotros las sepáis,
y estéis confirmados en la verdad presente.

¡Qué mejor manera para recordar
las verdades de la Biblia,
que apuntarlas para repasarlas!

⇨*La hoja "Verdades Bíblicas" provee un formato organizado para documentar pasajes de la Biblia por su tema. Este formulario no solo le ayuda a recordar la verdad, sino también puede servir como un recurso personal de investigación para el futuro. Un espacio es provisto para escribir una explicación corta del por que el pasaje es importante y aplicable personalmente. Las divisiones son provistas para dividir las verdades especificas de Dios y las otras verdades de la Biblia.*

La Memorización Bíblica
Salmos 119:11

Memorizar la Biblia es esencial para tener disponible la Palabra de Dios en cada circunstancia de la vida, aun cuando la misma no esté disponible. No hay mejor manera de recordar la Palabra de Dios y obedecerla que tener Su Palabra escondida o memorizada en el corazón. En Proverbios 4:20-21, el Rey Salomón dijo a su hijo, *"está atento a mis palabras; Inclina tu oído a mis razones. No se aparten de tus ojos; Guárdalas en medio de tu corazón."* Y en Salmo 119:11 el Salmista dijo, *"En mi corazón he guardado tus dichos, Para no pecar contra ti."* Seguido por versículo 16 que dice, *"Me regocijaré en tus estatutos; No me olvidaré de tus palabras."*

Es de mayor importancia que usted dedique a si mismo a la obra de memorizar y recordar la Palabra de Dios para que tenga Su Palabra consigo siempre.

I. Memorizar los versículos y los pasajes
    *Memorización es la mejor manera de recordar y meditar en los versículos sobre las verdades Bíblicas claves con el propósito de obtener rápidamente las respuestas de Dios a las preguntas de la vida.
    A. Salmo 119:11 - *En mi corazón he guardado tus dichos, ...*
        1. *Para no pecar contra ti*
    B. Proverbios 7:1-3 - *Guarda mis mandamientos y vivirás, Y mi ley ...*
        1. *Como las niñas de tus ojos*
        2. *Lígalos a tus dedos*
        3. *Escríbelos en la tabla de tu corazón*
    C. Lucas 4:1-13 - *Jesús ... por cuarenta días, y era tentado por el Diablo ...*
        *Jesucristo rechazó la tentación de Satanás por dar las Escritoras por memoria.
        1. *Escrito está* (vrs. 4)
        2. *Escrito está* (vrs. 8)
        3. *Dicho está* (vrs. 12)

**¡Qué mejor manera para estar preparado
con las respuestas de Dios
para las circunstancias de la vida
que tener la Biblia memorizada!**

⇨*El proceso de memorizar la Biblia no es siempre fácil, pero por hacer tarjetas de versículos (de tamaño de las tarjetas de negocio), o comprar tarjetas hechas, usted puede guardar consigo y repasar los versículos frecuentemente para memorizarlos.*

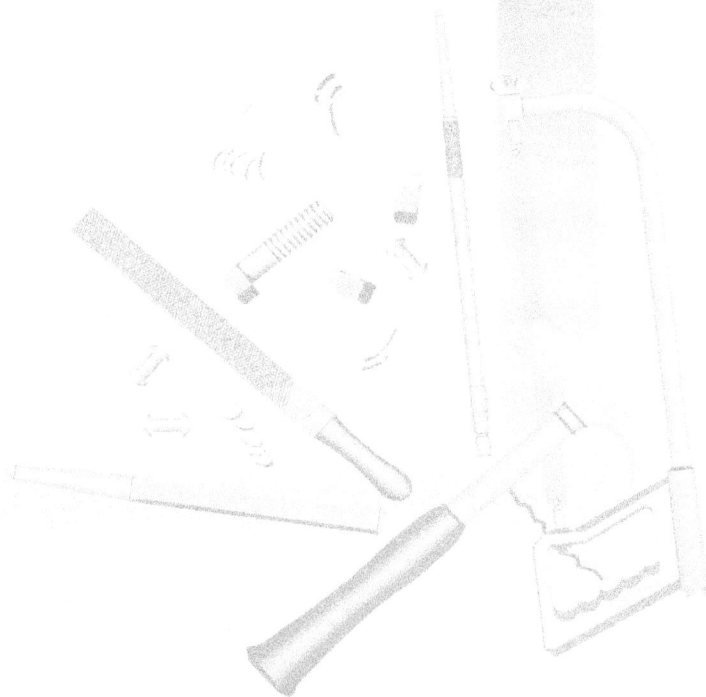

Las Notas de Sermones
Santiago 1:21-25

La predicación de la Palabra de Dios es crítica en la vida Cristiana. I Corintios 1:21 dice, *"Pues ya que en la sabiduría de Dios, el mundo no conoció a Dios mediante la sabiduría, agradó a Dios salvar a los creyentes por la locura de la predicación."* La oportunidad de ser enseñado en lo que Dios dice y como Él quiere dirigir la vida no puede ser reemplazado. Sin embargo, tener sueño durante la predicación o aun olvidar algunas de las verdades claves del mensaje solamente minutos después del culto se termina, es muy fácil. Sin embargo, Dios desea que cada creyente sea como aquellos en Tesalónica que *"recibieron la palabra con toda solicitud, escudriñando cada día las Escrituras para ver si estas cosas eran así"* (Hechos 17:11).

Cada vez que la Palabra de Dios esté presentada, usted tiene la responsabilidad de permitirla hacer Su obra en su vida. Un día, delante de Dios, usted dará cuenta de lo que ha recibido. *"porque a todo aquel a quien se haya dado mucho, mucho se le demandará; y al que mucho se le haya confiado, más se le pedirá"* (Lucas 12:48).

I. Escuchar la predicación
    "Recibid con mansedumbre la palabra implantada, la cual puede salvar vuestras almas" (21)
    A. I Corintios 1:17-25 - *A predicar el <u>evangelio</u> ... Porque la palabra de la cruz es locura a los que se pierden; pero a los que se salvan, esto es, a nosotros, es poder de Dios*
       *Escuchar la predicación sobre el Evangelio (Hechos 2:14-38, 8:5-12, I Corintios 15:1-4)
    B. I Juan 1:1-10 - *Lo que era desde el principio, ... <u>Verbo de vida</u> ... lo que hemos visto y oído, eso os anunciamos, para que también vosotros tengáis comunión con nosotros; y nuestra comunión verdaderamente es con el Padre, y con su Hijo Jesucristo*
       *Escuchar la predicación sobre Quien es Dios y lo que Él espera (Deuteronomio 31:11-13, Nehemías 8:1-12)
    C. Tito 2:1-15 - *Habla lo que está de acuerdo con la sana <u>doctrina</u>*
       *Escuchar la predicación sobre la vida Cristiana (Eclesiastés 12:9-14, Efesios 4:11-16)

Romanos 10:17
*Así que la fe es por el oír,
y el oír, por la palabra de Dios.*

II. Obedecer la predicación
   *"*No tan solamente oidores ... sino hacedor de la obra*"
   A. Lucas 12:42-48 - *Porque a todo aquel a quien se haya dado mucho, mucho se le demandará; y al que mucho se le haya confiado, más se le pedirá*
      *Un buen escuchador estará atento, con el conocimiento de que va a dar cuenta sobre lo que ha recibido.
   B. II Timoteo 3:14-17 - *Persiste tú en lo que has aprendido y te persuadiste, sabiendo de quién has aprendido*
      *Un buen escuchador la guardará y seguirá la instrucción que fue provista. (I Timoteo 4:16, Hebreos 13:7, 17)
   C. I Tesalonicenses 1:5-10 - *Partiendo de vosotros ha sido divulgada la palabra del Señor*
      *Un buen escuchador buscará las oportunidades para presentar lo que ha aprendido con ellos en que va a obedecer fielmente también. (I Timoteo 2:1-3, I Pedro 3:15)

**¡Qué mejor manera para escuchar
y estar seguro que está obedeciendo
la predicación de la Palabra de Dios
de que escribir y repasar las notas
de la predicación!**

⇨*El formulario de "Notas de las Predicaciones" provee un espacio para escribir las notas durante la predicación y la instrucción de la Palabra de Dios. Algunas líneas están provistas para anotar específicamente la fecha, el pasaje, el tema, y en qué manera el mensaje puede ser aplicado a la vida diaria.*

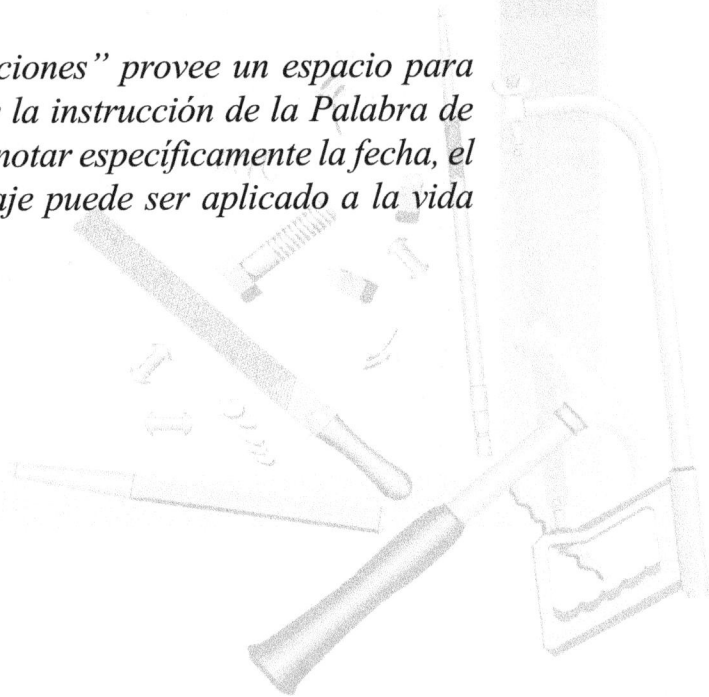

Premiando Fidelidad

Filipenses 3:17

ADULTOS
Edificar el joven como su patrocinador

Interés espiritual más grande para el jóven

Palabras frecuentes de la edificación

ADULTOS
Edificado por el progresso del jóven

TRABAJADOR DE LOS JÓVENES

Enseñar la palabra de Dios fielmente
Mantener a los jóvenes motivado y responsables
Grabar y informar sobre los puntos cobrido
Comunicar el progreso de los jóvenes
con patrocinadores y padres

JÓVENES
Cobrir los puntos por trabajo terminado

Aplicar las verdades de Dios a su vida

Terminar su trabajo fielmente

JÓVENES
Asistir al campamento para ser edificado

PREMIANDO FIDELIDAD
MATEO 25:14-30, FILIPENSES 3:17

El programa "JOVEN, Ejemplo de los Creyentes" incluye un incentivo y programa de rendición de cuentas que utiliza puntos para recompensar el trabajo realizado, llamado "Premiando Fidelidad." Mediante el cumplimiento y presentación de informes, tales como devocionales diarios, asistencia a la iglesia, versos de memoria, etc., cada joven es capaz de ganar puntos, que a su vez serán utilizados por el patrocinador adulto para determinar la cantidad de dinero por la cual el patrocinador es responsable con el fin de ayudar al joven a ir al campamento de verano o para comprar una Biblia, libros, etc. El programa funciona en un círculo espiritual. Por ejemplo: un miembro de la iglesia se convierte en un adulto patrocinador y anima a los jóvenes a completar su trabajo, el joven comienza a cumplir sus responsabilidades cristianas corrientes en una forma regular, que con el tiempo se convierte en un hábito, el joven asiste a un campamento de verano con los fondos obtenidos y tiene la oportunidad de crecer más por medio de una semana de escuchar la predicación de la Palabra de Dios, el joven reporta a la iglesia acerca de cómo Dios obró en su vida durante el último año y en el campamento y mediante lo que ha aprendido, se convierte en un "JOVEN, Ejemplo de los Creyentes."

EL PROPÓSITO POR PREMIANDO FIDELIDAD

I. El sistema de puntos proporciona un **método por el cual cada joven se le anima** a asumir la responsabilidad personal por su caminar personal con Dios. Sirve como una especie de vara de medir con la que se puede ver dónde estaba y cuán lejos ha llegado, mientras que lo desafía con las posibilidades futuras.

II. El sistema de puntos **permite a los adultos** en la iglesia local cumplir con su responsabilidad de estar involucrado en la formación espiritual de la próxima generación, así como entendiendo que no pueden ayudar adecuadamente a los demás si no están creciendo espiritualmente personalmente.

III. El sistema de puntos anima a todos los jóvenes a **participar en los ministerios** de la iglesia local y en servir a los demás.

IV. El sistema de puntos hace hincapié en la necesidad de asistir a la iglesia y prestar atención a la predicación de la Palabra de Dios.

V. El sistema de puntuación proporciona al joven con **su lectura personal de la Biblia, la oración, y otras herramientas** para que en privado pueda conocer mejor a Dios. También suministra un sistema de responsabilidad para mantener la consistencia para que pueda ser un vaso limpio en las manos de Dios para hacer un impacto en el mundo que le rodea.

VI. El sistema de puntos que motiva a los jóvenes a no sólo tener "experiencias religiosas" en la iglesia, sino mantener una relación personal con Dios, que continúa todos los días de su vida a través de **la aplicación de un momento a otro de la Palabra de Dios.**

VII. El sistema de puntos ofrece un plan organizado para ayudar a cada joven **cubrir el gasto del campamento y proveerse de otras materias espirituales.**

¡¡Advertencia!!

No mal interpreten el programa "Premiando Fidelidad." Este programa no es que se presenta para juzgar un nivel de espiritualidad, ni para producir espiritualidad. **El sistema de los puntos es una herramienta** para ayudar a cada individuo a construir su vida espiritual. Ningún sistema humano puede forzar resultados espirituales. Sin embargo, cuando confiamos en el Espíritu Santo, mientras se participa en un método organizado de estudiar y aplicar la Palabra de Dios para nuestra vida diaria, se puede documentar fruto espiritual visible y será evidente a los demás.

EL PROGRAMA DE PREMIANDO FIDELIDAD

I. **Una Explicación de "Premiando Fidelidad"**

Cada ministerio puede ajustar los puntos y el sistema de organización para sus necesidades específicas, pero deben seguir manteniendo los principios bíblicos que son la base para el programa.

A. **Los fundamentos**

1. El sistema de puntos provee $1.00 a cada joven por cada 100 puntos ganado. Los fondos deben emplearse en un campamento de verano aprobado por el pastor o materiales aprobados por el pastor que ayudarán al joven en su vida espiritual. (Si un joven completa las responsabilidades semanales básicas, él puede ganar 250 puntos por semana. Si el programa es de un año, a este ritmo, se puede ganar 13.000 puntos durante 52 semanas, con un total de $130.00.)

2. El sistema de puntos requiere que los miembros fieles adultos de la iglesia tomen un interés personal en la vida espiritual del joven.

3. El sistema de puntos requiere que cada joven informe de su trabajo realizado a un obrero de jóvenes semanalmente con el fin de recibir crédito por su trabajo.

4. Los resultados del sistema de puntos se deben contabilizar regularmente y públicamente para que los jóvenes puedan mantenerse responsables ante toda la iglesia. Esto también permite a los patrocinadores saber cómo sus jóvenes están progresando.

5. El sistema de puntos es sólo un formato de fomentar el crecimiento espiritual. ¡La responsabilidad del verdadero crecimiento espiritual pertenece a cada persona que forma parte del programa!

B. **Las categorías de puntos**

1. <u>Asistencia</u> a la reunión de jóvenes (25 pts) - Los puntos se darán para cada joven que asiste y llega a tiempo.

2. El versículo de <u>memoria</u> (50 pts/100%) - Se otorgarán puntos en base al porcentaje del versículo de memoria que el joven puede recitar correctamente. Los obreros no pueden proporcionar ayuda o consejos.

3. Versículo <u>extra</u> para memorizar (bono) (25 pts/100%) - Se dará por cualquier versículo "bono" que se pueda recitar después del verso programado.

4. <u>Devociones</u> Diarias (10 pts por día) - Los puntos se dan para cada día que el joven tuvo sus devociones personales y completó el formulario de devoción. (Las formas que se han completado en los días no designados no cuentan).

5. <u>Lección</u> Completada (20 pts) - Los puntos se dan cada vez que un joven completa todos y tiene en la mano la tarea propuesta por el líder de jóvenes la semana anterior. (Cada joven debe completar su trabajo antes del inicio de la reunión).

6. <u>Notas</u> de Sermones (20 pts por sermón) - Los puntos se dan para cada formulario de notas de sermón completada cuidadosamente y a fondo. (Cada joven debe completar sus propias notas. No se permitirá copiar.)

7. <u>Visitantes</u> de la Iglesia (25 pts por persona) - Se darán puntos por cada visitante que asiste a un servicio religioso por la invitación personal de un joven.

8. <u>Visitantes</u> de Actividades Juveniles (25 pts por persona) - Se darán puntos para cada visita por primera vez que asiste a una actividad debido a la invitación personal de un joven.

9. <u>Libro</u> de lectura (25 puntos por libro) - Se darán puntos para cada libro aprobado por el pastor con el formulario completado.

10. <u>Visitación</u> o Ministerio de Servir (50 pts) - Los puntos se dan cada vez que un joven participa en el programa de visitación de la iglesia o da tiempo especial para servir en la iglesia local o un individuo necesitado (es decir, una viuda, ancianos, etc.).

C. **Las responsabilidades**
   1. **Los obreros**
      a. Cada obrero adulto deberá cumplir con todos los <u>requisitos</u> de liderazgo que incluyen, pero no se limitan a, separación personal, asistencia a la iglesia, etc.
      b. Cada obrero debe <u>asistir</u> y <u>llegar</u> a tiempo a cada reunión y actividad de los jóvenes con el fin de cumplir con sus responsabilidades adecuadamente.
      c. Cada obrero debe estar en <u>contacto</u> con los padres de los jóvenes en su grupo, si es posible, con el fin de ser una verdadera asistencia al crecimiento espiritual de día a día del joven.
      d. Cada obrero debe ser fiel en la <u>comunicación</u> y el fomento del grupo de jóvenes por el cual es responsable, no sólo en las áreas de los puntos del sistema, sino también como una rendición de cuentas espirituales.
      e. Cada obrero deberá mantener <u>registros</u> claros y precisos de los puntos que cada joven ha ganado una vez por semana. Esto incluye la presentación de un informe claro y preciso con el pastor regularmente para que el progreso pueda ser publicado periódicamente.
      f. Cada obrero deberá <u>comunicar</u> periódicamente con los patrocinadores de los jóvenes para que sean conscientes de los fondos necesarios al final del programa.
      g. Cada obrero deberá <u>comunicar</u> cualquier dificultad con el pastor para que puedan ser resueltos rápidamente y bíblicamente.
   2. **El joven**
      a. Cada joven debe encontrar su propio <u>patrocinador</u> entre los adultos miembros de la iglesia y tiene que tener el formulario del patrocinador firmado y devuelto al pastor para poder recibir los fondos.
      b. Cada joven debe traer su <u>cuaderno</u> a cada culto de la iglesia, especialmente a cada reunión de jóvenes. (Sin el cuaderno, el obrero no será capaz de otorgar puntos para la semana.)

   c. Cada joven debe completar su propio <u>trabajo</u> en el día designado.
     (Ej. - Notas devocionales completadas en los días que no fueron señalados no serán contadas.)

   d. Cada joven debe informar a su obrero designado de su trabajo <u>realizado</u> al comienzo de cada reunión de jóvenes. (No es la responsabilidad del obrero de jóvenes para conseguir la información del joven.)

   e. Cada joven debe asistir a la <u>reunión</u> de jóvenes de la semana o causará que pierda los puntos para esa semana. (Se pueden hacer excepciones si el pastor fue notificado previamente, o si la excusa es aprobada por el pastor.)

3. **Los patrocinadores**

   a. El patrocinador debe estar preparado para proporcionar los <u>fondos</u> para cubrir los puntos ganados por el joven que está patrocinando.

   b. El patrocinador debe darse cuenta de que está tomando un <u>papel</u> de liderazgo espiritual en la vida del joven y debe intentar mantener un testimonio (es decir, asistencia a la iglesia, la lectura personal de la Biblia, visitas, etc.), lo que representa claramente lo que el joven debe esforzarse a llegar a ser en su vida espiritual personal.

   c. El patrocinador debe dedicarse a la <u>oración</u> por el joven.

   d. El patrocinador debe comunicarse regularmente con el <u>joven</u> a fin de animar e instruirle en su vida espiritual.

JOVEN
Ejemplo de los Creyentes

Apéndice

JOVEN

Ejemplo

de los

Creyentes

I Timoteo 4:12

II Timoteo 2:2

Lo que has oído de mí ante muchos testigos,

esto encarga a hombres fieles

que sean idóneos para enseñar también a otros.

Programa de
La Reunión de los Jóvenes
Fecha - _____

7:00 - Llegar y reunir con los líderes sobre el programa de los puntos.

7:15 - Oración (_____ **)**

7:20 - Cánticos & Favoritos (_____ **)**

_____
_____

7:30 - Anuncios (_____ **)**
El calendario de los eventos

_____
_____

7:35 - Cántico (_____ **)**

7:40 - Presentación de la Lección
Maestro - _____
Tema - _____
Versículo - _____

8:05 - Peticiones (_____ **)**

8:15 - Oración (Dividir las chicas y los chicos)

*Pueden ser tiempos para relejarse y las diversiones cuando sean designados por los lídere.
*Después de la reunión sería tiempo para preparar para las actividades especiales del futuro.

Notas Especiales:
_____
_____

Programa de
La Reunión de los Jóvenes
Fecha - _____

7:00 - Llegar y reunir con los líderes sobre el programa de los puntos.

7:15 - Oración (_____ **)**

7:20 - Cánticos & Favoritos (_____ **)**

_____
_____

7:30 - Anuncios (_____ **)**
El calendario de los eventos

_____
_____

7:35 - Cántico (_____ **)**

7:40 - Presentación de la Lección
Maestro - _____
Tema - _____
Versículo - _____

8:05 - Peticiones (_____ **)**

8:15 - Oración (Dividir las chicas y los chicos)

*Pueden ser tiempos para relejarse y las diversiones cuando sean designados por los lídere.
*Después de la reunión sería tiempo para preparar para las actividades especiales del futuro.

Notas Especiales:
_____
_____

Propuesto de Actividades

Mes/Fecha	Tema/Lugar
Enero	
Febrero	
Marzo	
Abril	
Mayo	
Junio	
Julio	
Agosto	
Septiembre	
Octubre	
Noviembre	
Diciembre	

Propuesto de Actividades

Mes/Fecha	Tema/Lugar
Enero	
Febrero	
Marzo	
Abril	
Mayo	
Junio	
Julio	
Agosto	
Septiembre	
Octubre	
Noviembre	
Diciembre	

Preparación por las Actividades

Título/Nombre _____

Propósito: _____

Localidad: _____ Tiempo: _____

Transportación: _____

Predicador: _____

Líderes/Ayudantes: _____

Comida: _____

Costo (por persona) $ _____ Costa (total) $ _____

La Actividad

Nombres de los equipos:

(a) _____ (b) _____

Capitanes de los equipos:

(a) _____ (b) _____

Introducción: _____
Cosas necesarias: _____

Actividad (1): _____
Cosas necesarias: _____

Actividad (2): _____
Cosas necesarias: _____

Actividad (3): _____
Cosas necesarias: _____

Actividad (4): _____
Cosas necesarias: _____

El Culto

Cánticos: _____

Temática/Pasaje: _____

Predicador: _____

Debe tener una invitación y consejeros.

Notas Extendidas

_____
_____
_____
_____
_____
_____
_____
_____
_____
_____
_____
_____
_____

Asistencia de los Jóvenes

_____ 2016

Nombre				

Asistencia de los Jóvenes

_____ 2016

Nombre				

Puntos Mensuales

Nombre _____   **Mes** _____

Tema	Puntos	/	/	/	/	/	/	/
Asistencia	25							
Versículo	50/100%							
Versículo de bono	25/100%							
Devociones	10 diariamente							
Lección terminada	20							
Bosquejos de los cultos	20 Cada uno							
Visitante al culto	25							
Visitante a la actividad	25							
Leer el libro espiritual	25							
Visitación/ Obra de Servicia	50							
Balance								
Balance Global								

Firme del líder: _____

Fecha: ____ / ____ / ____

Puntos Mensuales

Nombre _____   **Mes** _____

Tema	Puntos	/	/	/	/	/	/	/
Asistencia	25							
Versículo	50/100%							
Versículo de bono	25/100%							
Devociones	10 diariamente							
Lección terminada	20							
Bosquejos de los cultos	20 Cada uno							
Visitante al culto	25							
Visitante a la actividad	25							
Leer el libro espiritual	25							
Visitación/ Obra de Servicia	50							
Balance								
Balance Global								

Firme del líder: _____

Fecha: ____ / ____ / ____

Acuerdo de patrocinio

Yo, _____ esty de acuerdo de ser el patrocinador para _____
_____. Yo entiendo las responsabilidades mías en orar, animar, y ayudar a él/ella en su vida espiritual y en su esfuerza de ganar puntos en el programa de "Gratificante Fidelidad." Acepto la responsabilidad de dar $1.00 al joven por cada 1000 puntos ganados por él/ella para el campamento u otro materiales espirituales para mejorar a el/ella en su vida espiritual.

_____

Firma del patrocinador

_____

Firma del padre

_____

Firma del joven

Acuerdo de patrocinio

Yo, _____ esty de acuerdo de ser el patrocinador para _____
_____. Yo entiendo las responsabilidades mías en orar, animar, y ayudar a él/ella en su vida espiritual y en su esfuerza de ganar puntos en el programa de "Gratificante Fidelidad." Acepto la responsabilidad de dar $1.00 al joven por cada 1000 puntos ganados por él/ella para el campamento u otro materiales espirituales para mejorar a el/ella en su vida espiritual.

_____

Firma del patrocinador

_____

Firma del padre

_____

Firma del joven

RESUMEN DEL LIBRO CRISTIANO

Nombre _____ Fecha ___/___/___

Título del libro _____

Autor _____ Páginas _____

_____

_____

_____

_____

_____

_____

_____

_____

_____

_____

_____

_____

_____

_____

Lección(s) aprendida(s)

_____

_____

_____

RESUMEN DEL LIBRO CRISTIANO

Nombre _____ Fecha ___/___/___

Título del libro _____

Autor _____ Páginas _____

_____

_____

_____

_____

_____

_____

_____

_____

_____

_____

_____

_____

_____

_____

Lección(s) aprendida(s)

_____

_____

_____

Pasaje _____ Fecha ___/___/___

Enfoque _____

II Timoteo 3:16

"Toda la Escritura es inspirada por Dios, y útil para enseñar,
para redargüir, para corregir, para instruir en justicia,"

Enseñar
¿Qué dice el pasaje?

¿Quién? _____

¿Qué? _____

¿Cómo? _____

¿Cuándo? _____

¿Por qué? _____

¡Los Resultados! _____

Redargüir
¿Qué me dice el pasaje?

_____
_____
_____

Corregir
¿Qué debo cambiar?

_____
_____

Instruir
*¿En qué manera puede este pasaje ayudarme hoy
a ser como Jesucristo?*

El objetivo espiritual para hoy....

_____
_____

Peticiones por Perdón y Ayuda

_____
_____

Lucas 11:2-4

Y les dijo: Cuando oréis, decid:
Padre nuestro que estás en los cielos, santificado sea tu nombre.
Venga tu reino. Hágase tu voluntad, como en el cielo, así también en la tierra.
El pan nuestro de cada día, dánoslo hoy.
Y perdónanos nuestros pecados,
porque también nosotros perdonamos a todos los que nos deben.
Y no nos metas en tentación, mas líbranos del mal.

Peticiones

Día _____   Tema _____

Quién/Qué	Por qué	Cuándo	Contestado

Santiago 5:17,18

17 Elías era hombre sujeto a pasiones semejantes a las nuestras; y oró fervientemente para que no lloviese, y no llovió sobre la tierra por tres años y seis meses.
18 Y otra vez oró, y el cielo dio lluvia, y la tierra produjo su fruto.

Peticiones

Día _____   Tema _____

Quién/Qué	Por qué	Cuándo	Contestado

Santiago 5:17,18

17 Elías era hombre sujeto a pasiones semejantes a las nuestras; y oró fervientemente para que no lloviese, y no llovió sobre la tierra por tres años y seis meses.
18 Y otra vez oró, y el cielo dio lluvia, y la tierra produjo su fruto.

Verdades de la Biblia

El Tema de . . . _____

Fecha	Libro	Ca. y Vrs.	Signifado para mi

Verdades de la Biblia

El Tema de . . . _____

Fecha	Libro	Ca. y Vrs.	Signifado para mi

Notas de la Predicaciones

Predicador _____ Fecha ___ / ___ / ___

Tema/Título _____ Pasaje _____

Aplicaciones Personales

Notas de la Predicaciones

Predicador _____ Fecha ___ / ___ / ___

Tema/Título _____ Pasaje _____

Aplicaciones Personales

Fecha ___/___/___

Fecha ___/___/___